GAFAM 現役面接官が伝授する

Google Apple Facebook Amazon Microsoft

そのとき、君はどう答えればいいのか？

アルフ［著］

KADOKAWA

はじめに

間違った就活のやり方で損をしている就活生があまりにも多すぎる！

これは、私が本業の傍ら就活生に向けてアドバイスをはじめた2013年から現在まで共通している、就活の根深い問題だと私は考えています。怪しいノウハウやテクニックが出回り、それらに踊らされる就活生が毎年発生し、結果が全然出ない。それによって自信をなくし、就活自体が嫌になってしまう学生を何人も見てきました。

実は私も就活生だったころは、同じような状態でした。当時は今ほどSNSで就活の情報を得られるわけではなかったので、インターネットや書籍の情報を漁り、「これをマネすればOK！」という情報をバカ正直に信じて就活をしていました。

結果は、まさかのインターン全落ち。人前で話すのは得意という自負があり、面接にも苦手意識はなかったのにです。

今振り返ると完全に黒歴史ですが、当時は藁にもすがる気持ちで就活をしていたので、胡散臭い就活情報も妄信してしまったのです。

流石にこのままでは「ヤバい」と思い、三井物産に内定した先輩に相談したところ、自分の**就活のやり方が何もかも間違っていたことに気づきました**。当時の私の状況を例えると、目的地は北海道なのに、沖縄に向かって猛スピードでドライブしているようなものでした。努力はしているつもりなのに、一向に目的地に近づかない感覚です。

その後、「正しい就活のやり方」を学び実践した結果、サントリー、キリンビール、森ビルといった人気企業から複数内定をいただくことができました。

今回、本書を書かせていただくことになったのも、「間違った就活のやり方」で損をしている昔の私のような就活生に向けて、**「正しい就活のやり方」を伝えたい**と思ったことがはじまりです。

就活のやり方について絶対的な唯一の答えはありませんが、本書でお伝えする就活のやり方は「正しい答えの１つ」だと確信しています。

その理由は３つあります。

①２０１３年から５００人以上の就活生にアドバイスをして、いわゆる**難関・人気企業に面白いように内定していく学生を見守ってきた**こと。

②これまで日系・外資系大手**４つの会社で採用面接担当を経験し、現在もＧＡＦＡＭの１社で面接官の役割を担っている**ことから、採用の裏側を理解していること。

③**私自身、間違った就活のやり方によってまったく結果が出ない状態から、やり方を変えて、大手人気企業から複数内定を獲得できたこと**。

まとめると、サポーター（支援者）、プレイヤー、採用面接担当の３つの視点から就活に向き合い、就活を包括的に理解できていることから、「正しい答えの１つ」を自分なりに発見できたと思っています。

本書では、この複数の経験からわかった「正しい就活のやり方」を余すことなく伝えます。我流の就活のやり方をしている人、いろんな人から就活のアドバイスを聞いているけどなかなか結果が出ない人、結果は出はじめているけど自分のやり方に自信が持てない人は必ず読んでください。

それでは、早速本論に入っていくことにしましょう。

本書の内容が、1つでもあなたの就活に役立ち、人生のプラスとなるなら、これ以上の喜びはありません。

アルフ

目次

はじめに――2

序章 君は内定がゴールだと思っていないか？

「内定＝ゴール」思考の4つのデメリット――16
なぜ、就活の中でも「面接」が超重要なのか――18

第1章 そもそも面接はなんのためにあるのか？

企業はなぜ、面接をするのか？――22
面接官の立場で考えられない理由――23
面接は「コミュニケーション」である――25

なぜ面接に苦手意識を持ってしまうのか？――27
面接で重要なのは、インプットよりもアウトプット――30
面接で落ちる人の最大の原因は〝アウトプット〟の少なさ――30
行動の比重をアウトプットに寄せてみよう――32
面接官は採用で何を見極めるのか？――35
面接で本当に問われていること――35
重要なのは事業理解と業務理解――39
面接に受かりやすい人と落とされやすい人の違いは何か？――42
面接で問われるのは、「過去の話」ではなく「再現性」――42
志望動機で効果を発揮する「原体験」の活用法――47
面接における4つの基本事項――50
1．自己紹介――50
2．ガクチカ（学生時代に力を入れた／頑張ったこと）――53
3．志望動機――58
4．自己ＰＲ――61

「手応え」ほど不確かなものはない——66
自分で勝手に判断しないこと——66
面接への第1歩、ESの重要性——69
あなたのESで「ビジネスライティングスキル（企業に提出するビジネス文書としての体をなしているか？）」が問われる——69
ESを成功に導く7つのポイント——71
ESのブラッシュアップ方法——88

第2章 脱マンネリ化。想定面接質問集の落とし穴

想定面接質問集から卒業しよう——92
なぜ想定面接質問集ではうまくいかないのか？——92
まずは「負のサイクル」から脱すること——94
想定面接質問集では強すぎる経験に勝てない——96

重要なのは、自分軸と正しい分析のやり方――99
戦略的に就活を進める方法――99
企業分析のために何をすればいいのか？――104
企業分析は「スタンス」が大事――104
企業分析でやるべき5つのこと――106
知るだけで差がつく。OB・OG訪問でやるべきこと――110
OB・OG訪問は「目的」が大事――110
OB・OG訪問アプリ「Matcher（マッチャー）」の活用――114
情報は収集するだけでは意味がない――118
情報収集は手段である――118
常にアウトプットを意識すること――120
自分の夢を叶えるために必要なものを明確化しよう――122
就活の土台となる「夢」――122
夢を細分化する――125
君はその会社で何をしたいのか？　何ができるのか？――127

内定や入社はゴールではない――127
あえて最終日を迎える自分をイメージしてみる――129

第3章 選ばれる人になるための成功術

企業にとって必要な人材か、自分にとって必要な企業なのか――134
相手のことを考えることからスタートする――134
「やりたいこと」と「やるべきこと」を見極めよう――137
ひとりよがりになっていないか？――137
「思い込み」から逃れるために――139
「グループディスカッション」でどうアピールする？――143
グループディスカッションのメンバーは「敵」ではない――143
自分の役割を徹底して組織に貢献できるか――146
グループディスカッションのテクニック――148

「なぜ？」と思う人材が選ばれる理由 ―― 153
受け手側と採用側のギャップ ―― 153
控えめでも評価される人の特徴 ―― 155
組織の中で輝く方法。自分の「弱み」も武器にしよう ―― 157
自分なりの貢献ポイントを探してみる ―― 157
組織の中でどんな役割を担ってきたのか？ ―― 158
定性よりも定量がモノをいう ―― 162
数字はビジネスの共通言語 ―― 162
求められるのは個人の才能か？　チームプレーか？ ―― 165
求めている人材の優先順位 ―― 165
チームに貢献できることをアピールする ―― 167
物事を俯瞰で捉えるための考え方 ―― 170
「一問一答」から脱するために ―― 170

第4章 伝え方の極意

何を伝えるべきなのかを整理しよう——176
選ばれる人になるためのアピールポイント——176
事前準備としての「戦略的なトークの組み立て」——180
説得力がUPする「結論→理由→具体例」の法則——184
ビジネスパーソンの基本スキル——184
面接官がハッとする最強キラーフレーズとは？——188
独自色の強い自分ならではの唯一無二のトークをするためのコツ——188
あえて失敗談を語ってみる——190
もっと知りたいと思わせる話し方の極意——194
リアルな情景を思い浮かばせる——194
面接官にツッコませるテクニック——196
情報の羅列は何も生まない——201
面接官は何を求めているのか？——201

第5章 入社後のビジョンを明確にする面接の考え方

重要なのは、「良い答え」よりも「良い質問」——208
質問の意図を考えよう——208
入社後の明確なビジョンを持つためのストーリー作成——211
ストーリー性の高いエピソードを組み立てる方法——211
面接での回答は「思考→行動」の流れを徹底すること——216
代表的な7つの質問——216
棚卸しではなく、未来に向けての再現性を訴求しよう——230
あなた自身の「再現性」を書き出してみよう——230
キャリアアップとしての考え方——233
キャリアと面接を結びつけて考える——233
おわりに——236

デザイン／菊池　祐（ライラック）
イラスト／金安　亮
図版／Qdesign
ＤＴＰ／三光デジプロ
校閲／文字工房燦光
編集協力／山中勇樹
編集／根岸亜紀子（KADOKAWA）

序章

君は内定がゴールだと思っていないか？

「内定＝ゴール」思考の4つのデメリット

就活は「内定を得ること」がゴールではない、と私は考えています。

本当のゴールは「自分に合った会社に入社し、活躍し、充実した生活を送ること」。したがって内定獲得は目的ではなく、手段だと思っています。結局、会社に入った後に何をしたいのか、世の中にどう貢献したいのかが先にあり、**内定獲得はそれらを実現するためのスタートライン・通過点でしかありません**。

内定がゴールだと考えていると、就活がうまくいかないどころか、**その後のキャリアにもマイナスの影響が出るリスクがあります**。たとえ志望する会社に入社できたとしても、そこがピークとなり、成長スピードが遅くなってしまうこともあります。

とはいえ「憧れの会社に内定すること」をゴールにしている就活生が多いのも事実です。

しかし、本来手段であるはずの「内定を得ること」をゴールにすることには4つのデメリットがあります。

1つ目は、企業側が求めている人材とズレること。企業が求めている人材は内定をゴールにしている人ではありません。企業は、「会社の売上や利益に中長期的に貢献してくれる人」を求めています。内定をゴールにしていると、その時点で、内定を得ること自体が難しくなるリスクがあります。

2つ目は、視座が低くなってしまうこと。スポーツで例えると、将来プロスポーツ選手としてオリンピック出場を目指している人と県大会出場を目指す人では、情報収集の仕方や行動、練習内容も変わってきます。最初から視座が高ければ、仮に失敗しても、相応の結果を残せる可能性が高まります。

3つ目は、社会人になってからのスタートダッシュが遅れてしまうこと。大学2年や3年から就活をスタートする人が多いと思いますが、その時点で「会社に入って活躍することや貢献することにゴールを置いている人」や、「将来実現したいことを達成する手段として内定を考えている人」と、「会社に入ってから考えはじめる人」とでは、成長スピードが大きく異なります。

4つ目は、キャリアのミスマッチが起きるリスクが上がること。昨今では入社してすぐに転職を考える人も多いですが、その理由は「大きな会社」「有名企業」に入ることを目的にしてしまっているケースが多いです。入社後の自分／キャリアを十分にイメージできていないからこそミスマッチにつながるのです。

▼なぜ、就活の中でも「面接」が超重要なのか

それでは、本来のゴールである「自分に合った会社に入社し、活躍し、充実した生活を送る」ために必要なことはなんでしょうか。私は「面接に力を入れること」だと断言します。理由は3つです。

①面接を通して**企業と自分自身をよく知ることができ、マッチング度が高いかどうかを**

判断できるからです。自分に合った会社を見つけ、将来的に活躍するためには面接が重要な機会となります。

②**面接に注力することで内定確率が高まるだけでなく、入社後に希望するキャリアに近づけるチャンスが広がる**からです。無事、自分に合った企業に入社できた場合、面接での評価や適性を踏まえて、初期配属が決定することがあります。面接に注力し、面接で高い評価を得ることで、自身が描くキャリアに近づけるチャンスが増え、入社後の「こんなはずじゃなかった」というミスマッチを減らすことができる可能性があります。

③就活中に培った**「面接スキル」は生涯使えるスキル**だからです。これから先、自分に合った会社に入社し、活躍もしているけれど、より良いキャリアを目指して転職を考える人も出てくると思います。私はこれまで3回転職しているので断言しますが、就活で培った面接の準備・考え方・テクニックはそのまま転職面接に生かすことができます。転職が一般化した昨今、学生のうちに面接スキルを身につけておくことは、中長期で理想のキャリアを形成するうえで大いに役立ちます。

以上の理由から、本書は就活の中でも「面接」に特化して、面接の重要性と効果的な対策方法・考え方を詳しく解説しています。面接をポジティブに捉え、ぜひ前向きにチャレンジしてください。貪欲に学び、実践する姿勢があれば、これほど人生を大きく変えることのできる活動はそう多くはありません。奥深い面接の世界へようこそ。面接を通じて、あなたの本当の力を引き出し、理想のキャリアをつかんでいきましょう。

第1章

そもそも面接は なんのためにあるのか？

企業はなぜ、面接をするのか？

就活／内定において避けては通れない「面接」はなんのためにあるのでしょうか？

企業／面接官の立場で考えてみればわかります。**企業にとって人材採用は、非常に大きな「投資」です**。新卒で入社した人が定年まで勤めた場合、数億円規模の支出が必要になります。もしあなたが、数億円とはいわないまでも、数百万円、数千万円の買い物（住宅や車など）を検討する場合、中身をじっくりチェックしますよね。現物を見て、いろいろな角度から精査し、失敗や後悔がないように見極めようとするはずです。

企業の面接も同じです。**入社を希望する人が、数億円規模の投資に見合うかどうかを見極めるためにあります**。WebテストやES（エントリーシート）もその一環です。

これらを踏まえ、あらためて就活における面接について考えてみましょう。

▼面接官の立場で考えられない理由

面接に苦手意識を持っている人はたくさんいます。一方で「面接とは何か?」「面接官は何を考えているのか?」などと、企業側、面接官側の視点で深く考えて対策している人はあまりいません。

なぜでしょうか。理由は大きく2つあります。

1つは、**面接官側の視点が情報としてあまり発信されていない**こと。

人事の担当者は、採用基準や細かい規定など、いわゆる**〝裏側の事情〟**を外に漏らすことができません。そのため採用のルールをつくっている側の情報が、公にされていないことがたくさんあります。だから面接を受ける側の人も、これら「裏側」の情報に触れる機会が少なく、面接官の視点で物事を考えるのが難しいのだと思います。

もう1つは、**数少ない発信されている情報の中に、正しくないものが含まれている**からです。

就活や面接に限ったことではありませんが、巷にあふれる情報は有象無象、玉石混交です。SNSやインターネットを見ればそれは明らかでしょう。ただ、忙しい就活生や転職組の人がそれらをより分けて判断し、正しい学びを深めることは難しいのが実情です。

では、既存の「就活本」や「面接本」はどうでしょうか？

実は、ここにも**落とし穴があります**。

試しに著者の経歴をチェックしてみてください。いわゆるコンサルタントとして、就活や面接を仕事にしている人が少なくないはずです。彼らの提供する情報がすべて間違っているというわけではありませんが、情報として古かったり、1社のみの経験で語られていたりするものがあり、「汎用的に使えるのかな？」と思うことが多々あります。

こうした情報を鵜呑みにして面接を受けようとすると、

・とにかく自分が言いたいことをアピールすればいいんだ！

・決まった質問に定型文で答えられればいいんだ！

・面接はテクニックで乗り越えることができるんだ！
・就活や面接には絶対的な正解が存在するんだ！

などと安易に考えて、一方的な発言をし、失敗することになります。でも面接官の側からすると、求めている答えとはズレているので落ちます。

だからあまり先を急がず、性急に「答え」を求めようとせず、「面接とはなんだろう？」「面接官は何を考えているんだろう？」という視点で考えてみましょう。

▼面接は「コミュニケーション」である

まず、押さえておきたいのは、**「面接はコミュニケーションである」**ということ。

ESではチェックできないコミュニケーション能力は面接でチェックされます。「私はこれができます！」「私はこれがしたいです！」などと、自分が言いたいことだけを一方的に述べてしまう人は、面接がコミュニケーションであるという視点が欠けています。そのため相手の質問にきちんと答えることができず、失敗します。

面接は、自分がコミュニケーションの〝主体〟になってしまうとダメだと思ってくださ

い。なぜかというと、**企業側には知りたいことがあり、それを把握するために面接／質問をしている**からです。当たり前ですが、すべての質問には必ず「意図」があります。

つまり相手が知りたいこと・意図にきちんと答えるのが面接の基本なのです。これが「面接はコミュニケーションである」理由です。「自分が言いたいことを言う」だけの一方通行はコミュニケーションではないのです。この基本が押さえられていないために、何度も同じ失敗を繰り返す人が後を絶ちません。

ＳＮＳや就活本で「ありのままの自分で臨みなさい」というアドバイスがなされているのを見ることがあるのですが、**「ありのままの自分」は失敗する就活生の典型パターンです**。自分が見せたい姿を見せにいくのは、正しいコミュニケーションではありません。相手のことを考えずに友人や知人と話していても、「俺が！　私が！」と、自分のことばかり話す人は嫌われてしまいますよね。それと同じです。

そうではなく、相手が知りたいこと・意図に対し、適切に答えていくことが大事です。あえて言えば**「相手の質問／聞きたいことに自分をフィットさせる」**ことで、面接官は「この人は自社の求める人物像にマッチしている！」と判断することができるのです。

ビジネス的な観点でもお話しすると、企業は消費者のニーズを把握したうえで商品やサービスを提供し、購入してもらうことでコミュニケーションをしています。その関係性が良好であり、企業がより良いものを提供し続けていれば、選ばれる企業として成長を続けられます。面接も**相手から「選んでもらう」ためにコミュニケーション**が必要不可欠という点では同じなのです。

▼なぜ面接に苦手意識を持ってしまうのか？

ここまでの内容を踏まえて、「面接に苦手意識を持ってしまう」理由を考えてみましょう。ポイントは3つあります。

1つ目は**「何を聞かれるかわかっていない」**こと。どんな質問がなされるのかがわからなければ、対策はできません。そうして「面接は怖い」「得体が知れない」と思ってしまい、苦手意識が醸成されます。

２つ目は**「アウトプットが少なすぎる」**こと。面接でどんなことを聞かれるのかは理解していても、頭でわかっているだけでは実践で通用しません。練習量、つまりアウトプットを数多くこなさなければ自信も養われず、「やっぱり面接は苦手だ」と思ってしまいます。

３つ目は、**「社会人に慣れていない」**こと。とくに新卒の就活生は、普段サークルや友人関係など学生のコミュニティにしか所属していません。アルバイトにしても、面接官のような社会人と接する機会はそれほど多くないでしょう。だから本番で社会人と会話すること自体に緊張してしまったり苦手意識を持ってしまったりするのです。こういう人に限って面接官を「すごい人」と思い込んで過度に緊張してしまいます。

では、学生と社会人は何が違うのでしょうか？

多くの社会人は会社に所属し、長期の雇用契約を交わすことになります。そのため、仕事の範囲も広く、キャリアアップに伴いプロジェクト全体の最終責任も求められるようになります。

一方、学生アルバイトの場合、会社から依頼された範囲の仕事を確実にこなすスキルが求められるだけで、組織としての成長や責任まで背負うことはありません。

こうした**立場の違いによって、視点も変わります**。つまり、就活では個人の実績だけでなく、組織としての成長を見据えた広い視野での行動ができるかや責任を担う意識があるかどうかという点が重視されます。面接を受ける人は、相手の面接官があくまでも社会人であり、社会人としての視点であなたを判断することを忘れないようにしてください。

面接で重要なのは、インプットよりもアウトプット

▼面接で落ちる人の最大の原因は〝アウトプット〟の少なさ

受験の影響もあると思いますが、**多くの人は面接の練習（アウトプット）よりもインプットに時間を使っています**。具体的には業界研究や自己分析などです。

もちろんそれらも大切なのですが、同時に、面接の模擬練習を通じて本番できちんと対応できるようになることも重要です。そのためには、相手役を用意して何度も練習したり、実際にどこかの企業に応募して面接を経験したりすることが求められます。

面接は、受験や学業のような「習い事」とは違います。あくまでもコミュニケーションであり、相手の求めに応じて現場で対応しなければなりません。**勉強して暗記するだけで**

はダメなのです。「わかる」「できる」にするために反復練習が必要不可欠です。

実際に経験してみないと、「こんな質問があるんだ」「こういう風に切り返されるんだ」という気づきを得られません。そうした気づきが積み重なることで、対応力が養われていきます。**想定面接質問集を解くだけでは、そうしたスキルは身につきません**。

「勉強する→ぶっつけ本番→想定外の質問をされる→対応できない」というのは、面接に落ちる人のよくあるパターンです。それを繰り返していると「何を聞かれるのかまったくわからない状態」となり、苦手意識がどんどん高まってしまいます。

しかも面接官は、「この子はただ暗記してきただけだな」というのをすぐに見抜きます。見抜いたうえで、想定外の質問をします。そこで粗が出てしまうので、結局は採用に至りません。

面接を経験したことがある人はわかるかと思いますが、面接官は質問をどんどん深掘りしていきます。「なぜそれをしたんですか?」「他の選択肢は考えなかったのですか?」などです。その**すべてを想定面接質問集で網羅するのは不可能でしょう**。

あらかじめ練習していないことをいきなり本番で話そうとすると、やっぱり失敗します。論理的に話せなかったり、うまく伝えられなかったりするからです。しどろもどろになってしまうこともあるでしょう。だからこそ、練習を重ねて対応力を磨くこと。つまり**面接における実践的なコミュニケーションスキルを高めることが、本来のやるべきこと**です。

面接対策はアウトプットを主軸にする。それだけで、結果は大きく変わってきます。**想定面接質問集などに頼るのではなく、相手が求めることにきちんと答える力を養いましょう。**

▼行動の比重をアウトプットに寄せてみよう

具体的な行動で考えてみましょう。

面接でインプットばかりしている人は、

・説明会に行く
・本を読む
・自己分析をする
・業界研究をする

などの行動を繰り返してばかりで、面接の練習が疎かになっています。
一方で、たくさん内定を取るいわゆる就活無双している人ほど、

・模擬面接
・OB・OG訪問
・その他、社会人と話す経験
・インターンの参加

などを繰り返し行っています。これらの違いを理解し、そのうえで行動を改善していきましょう。比率としては、**「インプット7割、アウトプット3割」**ぐらいを意識するのがおすすめです。まずは、使える時間のうちの3割をアウトプットに向けることからはじめてください。最終的には比率が逆転、すなわちアウトプット主軸が理想です。

あえてキャッチーな言葉を使うならば、**「面接はアウトプットで評価されるゲームである」**ということです。学業もそうですが、**どれほどインプットしてもテストでアウトプットできなければ評価されません**。とくに面接は、面接官に対し、いかに言葉で伝えられる

かどうかが鍵となります。したがって、インプットで「就活をやっている気」になるのはとても危険です。

本番でちゃんとできるようにするには、練習するしかありません。素振りやキャッチボールと同じように、何度も繰り返されて洗練された行動だけが、本番で発揮されるのです。「普段の言葉で話せばいい」などとアドバイスをする人もいますが、おすすめしません。

面接官は社会人であり、人を見るプロです。面接を受けに来た人が、その会社に採用されるためにどれほど準備し、練習を重ねてきたのかは見抜かれると考えるべきです。そのため練習を積み重ねていない人は落ち続けてしまうのです。

ろくに練習もせずに試合をするスポーツ選手が、観客をうならせるようなパフォーマンスを発揮できるはずもありません。それは就活もしかり。インプット偏重のぶっつけ本番で対応しても面接官の心に響く受け答えはまずできないと考えておいたほうが良いでしょう。

面接官は採用で何を見極めるのか？

▼面接で本当に問われていること

意外ですが「企業はどんな人を採用したいのか？」という、就活において1番重要なこの質問に、自信を持って答えられる就活生はあまり多くないのが現実です。結論から言うと、**面接官は、その会社の「売上・利益に中長期的に貢献できる人材」を求めています。言葉を選ばずに言うと、「銭になる人間かどうか」を見ています。**

これを知らない人は、志望動機で「御社の商品が昔から好きで……」などと的外れな大好きアピールをして玉砕しています。就活面接は、その会社のことを大好きな人を採用するゲームではないので、こういった理由では落ちます。

そもそも企業はボランティア集団ではなく、売上・利益を上げるために存在しており、そのために人を採用していることを忘れてはなりません。

だから**面接時には、「この人はウチの会社に入って売上・利益を上げるイメージがあるか」**または**「そういった人材に成長する可能性があるか」**ということを見極めるべく、いろいろな質問をしているのです。

では、具体的に「売上・利益に中長期的に貢献できる人材かどうか？」を見極めるために、面接官はどのような点をチェックしているのでしょうか？

ポイントは大きく3つあります。

1つ目は、**「ウチに合っているか（長く働いてくれそうか？）」**という部分です。具体的には「カルチャーマッチ」、つまりその会社の社風・文化とあなたの価値観が合うかどうかを志望動機を中心に見ています。「一緒に働きたいか」、「ウチの他の社員と協力できるか」、「ウチの社員っぽいか」という視点でチェックしている会社もあります。

極端な例でいえば保守的な会社の場合。「前例にないことをやりたい」「業界構造を破壊したい」という人が就職しても会社の文化になじめず、転職してしまう可能性が高くなります。会社としては、なんでも素直に受け止めて、指示されたことに100％対応してくれる人が入社して、定年まで会社でしっかり働いてくれることを望むはずです。

2つ目は、**「ウチで活躍できるか？」**という視点です。ここでは主に能力／活躍理由が見られるわけですが、その前提となるのは「業務理解」です。

就職活動における情報収集では、相手の企業や属する業界を理解すること（事業・業界理解）に加え、業務内容を理解しているかどうか、すなわち業務理解も問われます。つまり、あなたの強みが入社後に携わる業務・職種において生かされ、貢献しているイメージがあるかどうかをチェックしています。

3つ目は、**「本当にウチに来てくれるか？」**という点です。優秀な人材ほど取り合いになるので、内定を出したうえで本当に来てくれるかどうか志望度を見極めたいと考えています。

とくに最終面接では役員が対応することも多いのですが、忙しい彼らが面接をしたのちにもかかわらず、例えば、内定を出した全学生が他所の会社に行ってしまう（内定辞退）と、「人事は何をしているんだ！」となってしまいます。だからこそ、**志望動機の信憑性や業界・業務理解、キャリアプランの解像度の高さから本当に来てくれるかどうかを見極める必要があるのです**。ひと言でいうと、内定を出したら承諾してくれる可能性が高いかどうか？をチェックしています。

これら3つのポイントは、ESもそうですが、主に面接時の質問やその対応によって把握されることになります。まとめると、

・大前提として中長期的に売上・利益に貢献してくれるか？（貢献できる人は成長する可能性があるか）
・業界・会社についての理解は十分か？（事業理解）
・業務内容まで理解しているか？（業務理解）
・キャリアプランは明確か？（ウチの会社で実現できるか？）
・会社の文化に合っているか？（カルチャーマッチ）
・強みは実際の業務・職種で生かされるか？（活動理解）

・志望度の高さは問題ないか？（内定後にちゃんと入社してくれるか？）

などが見られており、これらを確認するために形を変えていろんな質問をされることになります。

逆に言えば、**面接官に質問されたときに、「これらのどれを確認したい質問か？」と考え、答えるようにすれば、ストライクゾーンから外れない回答ができるようになります。**

そしてそれらは、**会社・業界や業務内容についてきちんと勉強し、自分自身の強みやキャリアプランを踏まえて面接でアピールするための準備と練習をしっかりと行っているかどうかによって見極められています。**入社を希望する人は、それらを面接で相手に伝える必要があります。

▼重要なのは事業理解と業務理解

事業理解と業務理解について簡単に補足すると、それぞれ次のような違いがあります。

【事業理解（＝会社についての理解）】

・どんな会社か？
・どんな業界に属しているのか？
・どういうビジネスモデルか？

【業務理解（＝仕事内容・社員についての理解）】

・どんな仕事をしているのか？
・どんな人（社内・社外）と働いているのか？
・どんなやりがいや苦労があるのか？
・その業務ではどんな能力が求められ、どんな人が活躍しているのか？

このうち、会社説明会やホームページなどでチェックできるのは主に事業理解のほうです。そのため、事業理解に関する知識でライバルと差をつけるのは難しいのが実情です。

一方で、業務理解を深めるのはそう簡単ではありません。表面的なことならともかく、実際の業務について理解するためには、会社説明会やホームページで調べるだけでなく、OB・OG訪問などで現場の人にヒアリングしなければなりません。つまり、積極的な行動と情報収集が必要なのです。

やはり、みんなと同じような行動をしているだけでは、差はつけられません。受け身ではなく、**自分から情報を取りに行く姿勢を持ち、独自に理解を深めていくことが他者との差別化につながります**。500人以上の就活生を見てきましたが、業務理解が不十分なまま面接に臨んで、良い結果につながることはほぼありません。

「差別化」というキーワードは、この後に出てくる「再現性」とともに、面接だけでなく就職活動全体において重要なポイントになりますので、ぜひ覚えておいてください。

面接に受かりやすい人と落とされやすい人の違いは何か？

▼面接で問われるのは、「過去の話」ではなく「再現性」

正しい「就活の戦略」を持っている人はガンガン内定していく一方、それがない人は苦戦しているのが現代の就活です。いわゆる二極化です。

ただ、その傾向は昔から変わっていないのかもしれません。

面接に受かりやすい人は、面接官が見ている先述したポイントを踏まえて行動しています。カルチャーマッチしていたり、能力や活動理由があったりすることをきちんとアピールし、いくつもの内定を勝ち取っているのです。

そしてガンガン**内定を獲得していく就活生のキーワードとしては「再現性」**が挙げられ

ます。端的にいうと、**「自己PRやガクチカ（学生時代に力を入れた／頑張ったこと）で発揮した強みを、入社後も同じように発揮して結果を生み出せるか？」を面接官はチェックしているのです。**

例えば「私はこれができます」とアピールするのではなく、「こういう強みがあるのでAという場面でもBという場面でもCという場面でも結果を出しました」などと意図的に伝えることができる人は、再現性があると言えるでしょう。面接官としても「活躍してくれる」「貢献してくれる」という印象を持ちやすくなります。

伝えるエピソードの中に再現性があるかどうかで、相手に与える印象は大きく異なります。それで面接に受かる人・落とされてしまう人に分かれるケースも少なくありません。

面接官が再現性の有無を見極めるポイントは２つあります。

１つ目は、**「強みを生かして複数の成果を出した経験があるか」**です。

「リーダーシップがあります」と言ったとき、それが発揮された場面が中学校の学級委員だけでは、再現性があるかどうかわかりません。それ以外にも、「バスケ部では部長としてチームをまとめた」「ゼミのリーダーとしてみんなの意見を集約した」など、複数の経験があるかどうかが重要です。それにより面接官は、「ウチの会社でもリーダーシップを発揮してくれそうだ」と思ってくれるわけです。必ずしもリーダーの役職だからリーダーシップがあると判断してもらえるわけではないので、注意しましょう。

2つ目は、**「成果を生み出す思考プロセスがあるか」**です。

思考プロセスとは、つまり行動に至るまでの考え方のことです。どのような思考回路で最終的な行動を選択したのかと言い替えることもできます。

面接官に話すエピソードも、それが一過性のものではなく、さまざまなシーンで応用できるという印象を与えるのがベストです。その場面だからリーダーシップを発揮できたのではなく、成果を生み出す思考プロセスがあるからこそ、さまざまなシーンでリーダーシップを発揮できるとアピールするのです。

ただ「こういうことがありました」と伝えるだけでは、「なぜそのように考えたのですか？」「なぜそのような行動に至ったのですか？」などとツッコまれたときに答えられません。

「思考プロセス」と言うと少し難しく感じられるかもしれませんが、簡単に言えば**「考え方のフレーム」**です。そのフレームを踏まえ、再現性のある行動を取れるかどうかが問われます。例えば、なんらかの問題が発生した場合に、

1・課題を分析する
2・原因を特定する
3・チームの改善行動を設定する
4・アクションを起こす
5・結果を踏まえて再検討する

などのフレームがあれば、さまざまなシーンで課題解決のための行動を取ることができます。このフレームはどんなものでも構いません。

大切なのは、その**フレームがあったからこそ、さまざまな場面で「リーダーシップを発揮できた」「問題を解決することができた」**などと、**面接官に伝えられるということ**です。

考え方のフレームでもピンとこない人は、自分流の成功パターン、自分らしい成功の方程

式に置き換えて考えてみることをおすすめします。

まとめると、**「複数の場面で説明できるか」「行動に至るまでに適正な思考プロセスがあるか」という2点を踏まえてトークを組み立てている人は、面接に受かりやすくなります**。

反対に、「学生時代にこんなことを頑張りました！」「こんな経験をしました！」など、エピソードや結果をそのまま述べる人はツッコまれたときに返答できず、一過性のものとして判断されてしまいます。それだと「ウチの会社に入っても同じことはできそうにないな」と思われても仕方ありません。

そう思われないためには、あらかじめ面接官のツッコミを予想し、「他のエピソードはありますか？」「どうしてそう考え、そう行動したのですか？」などに答えられるようにしましょう。**背後にある「面接官の知りたいこと」がわかっていれば、対策も取りやすくなります**。複数の場面で説明できない場合は、思考プロセスを徹底的に説明できるようにし、粗がない状態に仕上げることがポイントです。

▼志望動機で効果を発揮する「原体験」の活用法

就活の現場では「再現性」とともに「原体験」という言葉がよく使われます。

「原体験」という言葉自体は就活生で聞いたことがない人はいないくらいメジャーですが、残念ながら、この原体験を有効活用して面接に臨めている就活生は非常に少ないのが現状です。「原体験」とは、平たく言うと「人の生き方や考え方、行動に大きな影響を与えた過去の経験」のことになります。

志望動機に原体験を紐づけることで、書籍やSNSにある成功例をそのまま語っているような嘘っぽさがなくなり、説得力が格段に強まります。また、実際に経験したことを話しているので、あなたならではの唯一無二のアピールをすることが可能になります。加えて、原体験を交えることで面接官から共感を勝ち取り、面接官から余計な深掘りを防ぐ（厳密に言うと深掘りできない）といった効果もあります。

例えば、総合デベロッパー業界を志望している就活生2人の志望動機を見てみましょう。

◎Aさん（原体験なし）

「私が総合デベロッパー業界を志望する理由は、人の生活に大きなインパクトを与える仕事をしたいと思ったからです。デベロッパーは人が生活をしていくうえで必要不可欠な衣食住の「住」に携わっており、再開発など大規模な街づくりによって、人々の生活に大きな影響を与えることができます。地図に残るような大きな仕事ができる総合デベロッパーこそ、人の生活に大きなインパクトを与える仕事ができると考えています」

◎Bさん（原体験あり）

「私が総合デベロッパー業界を志望する理由は、人の生活に大きなインパクトを与える仕事をしたいと思ったからです。私の地元は元々シャッター商店街化しており、閑散とした状態でした。中学生のときに、地元周辺で大規模な再開発が進み、そこから人の流れや街の雰囲気、人々の生活を一変させる影響力の大きさを実感しました。大学在学中に日本各地を旅行する中で、私の地元のようにシャッター商店街化し閑散とした街が多数あることを知り、総合デベロッパーなら〈街を再生させ、人の生活に大きなインパクトを与える仕事を主導できる〉と考えたため、志望しています」

あなたが面接官だったらどちらの志望動機を評価し、採用したいと思うでしょうか？ 恐らく全員Bさんを選ぶと思います。

Aさんは単なる「デベロッパーの仕事説明」であり、誰でも言える内容になっています。一方で、Bさんは自分の経験（原体験）を軸に「やりたいこと」を語っているため、唯一無二の志望動機になっています。

このように**「原体験」は志望動機を格段に強化できる**ので、これまでの人生を振り返り、志望業界や企業で今やってみたいと思っていることと紐づけることができないか？ 時間をかけて考えてみましょう。あなたの志望動機を面接官に信じさせる最強の武器が「原体験の活用」なのです。

面接における4つの基本事項

本章の最後に、面接の基本事項を確認しておきましょう。次の4つがあります。

1・自己紹介
2・ガクチカ（学生時代に力を入れた／頑張ったこと）
3・志望動機
4・自己PR

▼1・自己紹介

自己紹介は「あなたは何者ですか？」という質問に答えるものです。なので、伝えるべきことはシンプルです。ただ、他の質問のようにフォーマットが決まっていないこともあり、苦手意識を持っている人も多いようです。また「簡単に」など、時間制限が曖昧なことも難しいと感じる要因になっていると思います。

ポイントとしては、大学名などに加え、**ユニークな経験や入社への熱意なども同時に伝えられると良いでしょう**。私自身の例を挙げると次のようになります。

【自己紹介の例】

〈大学名＋相手への配慮〉

横浜国立大学のアルフと申します。

本日はお忙しい中、お時間をいただきありがとうございます。

〈自分らしいユニークな経験①〉

私は4歳から現在までサッカーを続けており、これまで数多くチームリーダーを経験してきました。

高校では部員150名超の部長を務め、創部初の全国大会出場を牽引しました。

〈自分らしいユニークな経験②〉

また勉強面では、サッカーで培った目標達成力を生かし、1年間の浪人で偏差値を30ほど上げ、第1志望の大学に合格しました。

〈まとめ・志望熱意〉

このようにこれまでの人生では、掲げた目標を必ず達成することに尽力して参りました。

本日は私が「就職活動をはじめよう!」と思ったキッカケとなった第1志望の企業様の面接なので緊張していますが、いただいた貴重な時間を最大限に生かせるよう頑張りますので、どうぞよろしくお願いいたします。

私はこのように**自己紹介を自己ブランディングとして捉え、相手の記憶に残し、「他の学生とは違うぞ!」と面接の最初に面接官に思ってもらうために活用していました**。少し長いのでは？　と思った方もいると思いますが、これまで私が4つの会社で面接官をしてきた中で、「自己紹介が長い」ことが理由で落ちた方はひとりもいません。であれば、**唯**

一自分から好きなフォーマットで話せるゴールデンタイムの「自己紹介」を戦略的に活用しない理由はないのではないでしょうか。

私が就活アドバイスをしていた学生で三井物産に内定した方は、**「あまり重視していなかった自己紹介にこだわってから、面接官が自分の話を前のめりで聞いてくれるようになって驚いた！」**と言っていました。

人がこだわらない細部にこそ差別化できるポイントがあるので、ぜひ先程のフレームを使って自分ならではの自己紹介をつくって活用してください。

▼2・ガクチカ（学生時代に力を入れた／頑張ったこと）

ガクチカでは、文字通り、学生時代に力を入れた活動について問われます。ガクチカへの質問に対する答えとしてよくあるのは、

・アルバイトでリーダーをしていました
・部活動でキャプテンをしていました

・みんなで協力してボランティア活動をしました

などでしょう。本来であれば、学生の数だけエピソードがあるはずですが、多くの人は似通った内容を持ってきてしまいます。それでは差別化できません。誰かのエピソードを少しアレンジするのではなく、自分なりに構築するように工夫してください。

そのときに使えるのは、**「STARメソッド」です**。

「STAR」は、Situation（状況）、Task（課題）、Action（行動）、Result（結果）の頭文字を取ったもので、主に転職面接で重宝されているフレームワークですが、就活面接でも抜群の威力を発揮します。

STARメソッドのメリットは3つあります。

①自分の経験や強みをストーリーとしてわかりやすく展開できる
②アクションや成果を論理的かつ魅力的に説明できる

③面接官がSTARのどこに対して質問をしてきたのか瞬時にわかる

一方でデメリットは、結論が最後になってしまうことです。

このデメリットを補う方法としては、最初に結論を持ってきて、ストーリーの続きが聞きたくなるような内容を盛り込めばOKです。

以上を踏まえて、STARメソッドを使ってどのようにガクチカを面接で話すか例を挙げます。

【結論】

私が学生時代に頑張ったことは、体育会野球部の副主将として、新しい練習制度を導入し、7年ぶりのリーグ戦優勝を目指したことです。

【Situation：状況】

約70名が所属している私の部活は、強豪の私立大学と比べると練習時間が短い中で、レギュラー選手中心の実戦練習が多くを占め、控え選手の練習機会が限られていました。これによって、部内の「実力差」と「温度差」が顕在化している状況でした。

【Task：課題】

この状況を打破するには、部員全員が成長でき、なおかつチームに一体感を生む新しい制度が必要でした。

【Action：行動】

そこで私は具体的に3つ行動しました。まず、部全体が切磋琢磨する風土を醸成するために、レギュラー選手と控え選手で「合同自主練習」を行う制度を幹部に提案しました。次に、この制度を円滑に導入するために、選手同士の相性を勘案した「部員70名分の合同自主練習のペア割表」を作成しました。最後に、導入して終わりにせず制度を改善していくために、週に1度レギュラー選手を集め、意見を募るようにしました。

【Result：結果】

その結果、部のモチベーション向上と実力の底上げにつながり、秋期リーグで7年ぶりの優勝は達成できなかったものの、前年5位から2位まで順位を上げることができました。

先にお伝えしたように、STARメソッドを活用すると具体性が高まり、論理的にストーリー展開ができます。さらに、無駄な情報を排除することができるので、はじめて聞く面接官でも内容がわかりやすい説明が可能になります。また、結論でSTARというフレームを意識しておけば、1字1句暗記しなくても、大枠を捉えて自分の言葉で話せるというメリットがあります。面接官がガクチカの質問をしてくるときは、S（状況）、T（課題）、A（行動）、R（結果）のどこを深掘りしてきているのかを考えると的を射た回答ができます。

ぜひSATRメソッドを活用して、企業・面接官が知りたい「あなたはウチで活躍できるのか？」に答えられるように準備しましょう。

▼3・志望動機

志望動機において「原体験」と紐づけることが非常に重要なことは先程お伝えしました。
ここでは企業が志望動機を聞く意図と、志望動機で役に立つフレームワークを紹介します。

【企業が志望動機を聞く意図】
大きく次の3つを確認するためです。

①ウチに合っているか？（長く働いてくれそうか？）
②内定を出したら、本当にウチに来てくれるか？（志望度は高いか？）
③一貫性があるか？（説得力はあるか？　信憑性は高いか？）

これらを確認するために面接官は、次のような質問をしてきます。

・なぜこの業界なのか？
・なぜ同業他社ではなく、ウチなのか？
・5年後、10年後のキャリアプランは？
・具体的に取り組みたい仕事は？
・他に受けている業界とその理由は？
・他社の選考状況は？

各質問の意図を理解し、適切に答えられるように準備しましょう。

【志望動機で役立つフレームワーク】

念頭に置いてもらいたいのが、**「志望動機＝あなたが入りたい理由」ではないということです**。本書では採用は企業の投資と説明していますが、**あなたが入りたい理由だけを語って数億円を投資してもらえるほど甘い話があるはずありません**。

必要なのは、「志望理由」×「活躍理由」です。あなたが活躍できるということまで語ることで、企業側にもメリットができ、Ｗｉｎ－Ｗｉｎの関係になることができます。こここまでの話を踏まえて、おすすめの志望動機フレームワークをお伝えします。

結論：〇〇が成し遂げられるのは、御社が最適と考えているため志望しています。

根拠（原体験）：過去の〇〇という経験から、〇〇という思いを抱くようになりました。

業界選定理由：〇〇業界は〇〇であるため、〇〇の観点から〇〇を実現できると確信しています。

企業選びの軸×企業選定理由：中でも御社は、〇〇であり、私が企業を選ぶうえで重視している〇〇と合致しています。

具体的にやりたい仕事×強み：入社後は〇〇の業務において、〇〇の強みを生かして貢献したいと考えております。

これはあくまで一例ですが、志望動機を企業が聞く意図を踏まえながら、「志望理由」×「活躍理由」まで述べることで差別化された志望動機をつくる準備をしていきましょう。

志望動機の詳しい組み立て方については、内容が多岐にわたるため、この後の章であらためて掘り下げていきます。

▼4・自己PR

自己紹介では主に自分自身の紹介をすればよかった一方、自己PRでは、「あなたの中にアピールできるものはありますか？」という問いに答えなければなりません。

つまり、**あなた自身のセールスポイントを伝えるのが自己PRとなります**。具体的には、

・あなたのウリはなんですか？
・あなたの強みはなんですか？
・あなたが得意なことはなんですか？

などです。これらについて自己PRで話します。その際の考え方は2つあります。

1つは「一貫性」。「私の強みはリーダーシップです」と伝えたいのなら、自己紹介、ガクチカ、志望動機などでもリーダーシップにまつわる話を入れておくスタイルです。

もう1つは、あえてガクチカとは「異なる強味を訴求する」というテクニックです。そうすることで、複数の強みをアピールすることができます。

つまり自己PRは、

1・ガクチカで訴求している強みの補完・補強（一貫性）
2・別の強みをアピール（複合的な強みを見せる）

という2つの使い方があるということです。

どちらも有効なのですが、私自身は「2．別の強みをアピール（複合的な強みを見せる）」をおすすめしています。理由としては、企業ごとに採用にまつわる評価項目が用意されており、それらは単体ではなく複数あることが一般的だからです。加えて1つの強みの一点突破で他の就活生との差別化を図るのは非常に難しいと考えているからです。例えば、

・目標達成力
・向上心

・リーダーシップ
・オーナーシップ

などの評価項目を採用の重視ポイントにしている企業の場合。そのうちのリーダーシップのみをアピールすると、その他の項目を評価できず、企業としては「この人を採用するのはリスクが高い」と思ってしまうかもしれません。私であれば、リーダーシップだけでなく、目標達成力や向上心など他の強みも確認できる人を採用します。リスクヘッジという意味では、「リーダーシップだけでなく目標達成力もある」という複数の強みを見せたほうが良いと思います。

もしあなたが、「目標達成力」「向上心」「リーダーシップ」「オーナーシップ」という4つの強みを伝えたいとしたら、それらをガクチカや自己PRなどに配分するイメージです。それらに加え、本章で学んできた「事業・業務理解」「会社への貢献・活躍」などを踏まえると、面接での受け答えは左の図のようにまとめられます。

図を見ていただくとわかるように、上から「事業・業務理解」「与えたい印象」「伝える

【戦略的に自分を売り込む／アピールする考え方】

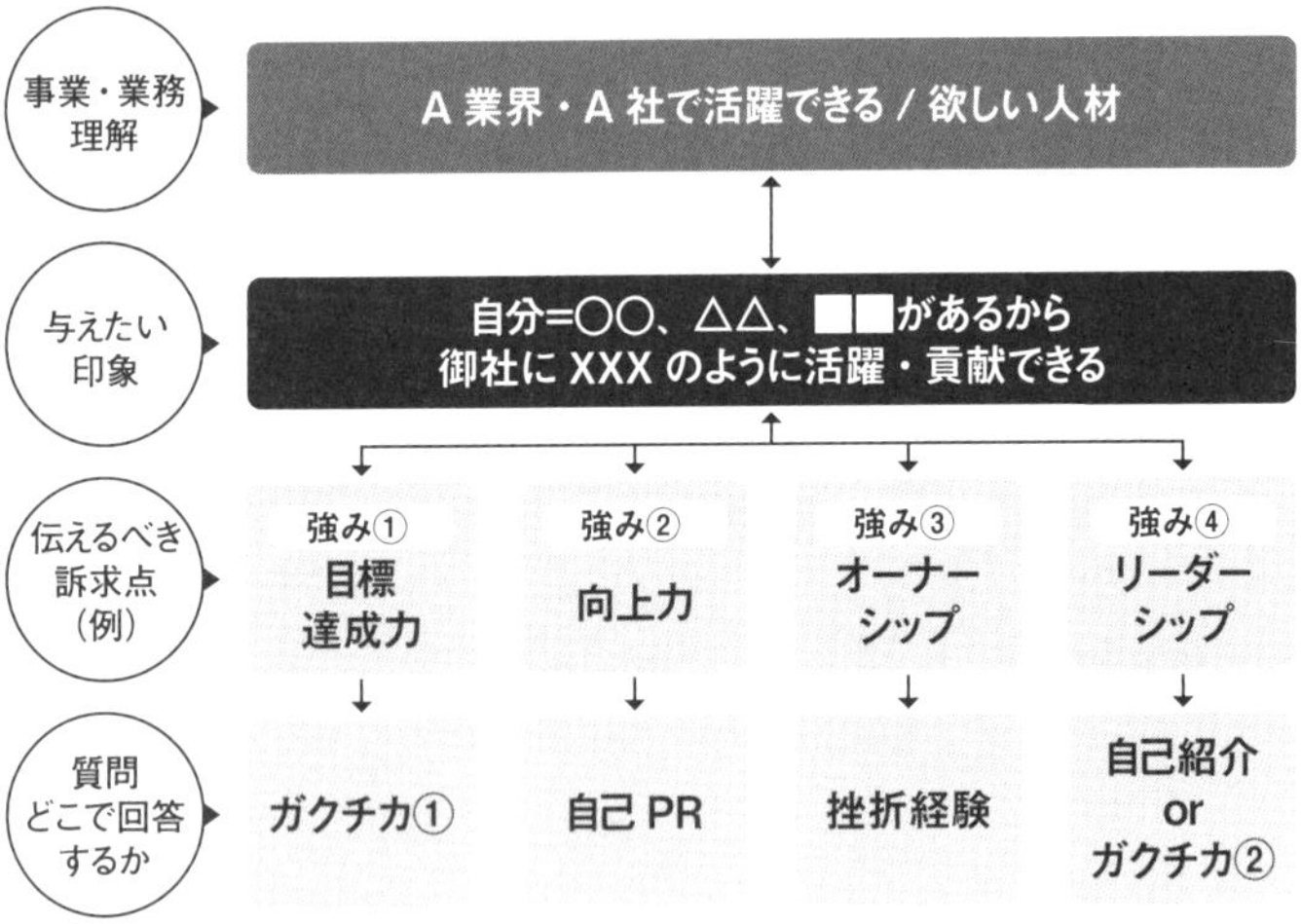

べき訴求点」「どこで回答するか」が相互に連携しています。**大事なのはこれらのつながりです。**それぞれの要素は独立しているのではなく、結びつきながら、1つのストーリーを構成しています。

面接が上手な人ほど、戦略的にストーリーを組み立ててトークを展開しています。そしてそのストーリーは、図にあるような「事業・業務理解」「与えたい印象」「伝えるべき訴求点」「どこで回答するか」を踏まえて事前に構成されています。

こと面接においては、企業が掲げる「活躍できる＝欲しい人材」を軸に、「この人はこういう強みがあるから、ウチの会社で活躍・貢献できるだろう」と思ってもらえれば〝勝ち〟です。

ただそのためには、テンプレに則った一問一答の暗記ではなく、図のような構成要素を有機的に組み合わせた論理的思考、その先にあるストーリーを、自分の言葉として構築できることが必要になります。

「与えたい印象」＝「面接におけるゴール」を決めずに、エピソードから言えることを伝えるべき訴求点として決定する学生をよく見かけますが、私はそれを「ギャンブル」と呼んでいます。理由はゴールを決めずに好き勝手にアピールしているため、志望結果になるか、面接官があなたをどういう人と評価するかは一か八かになるからです。

右ページの上2つ「事業・業務理解」、「与えたい印象」は間違えると取り返しがつかないので、丁寧に分析し、組み立てることをおすすめします。

それができると、面接の「勝率」は大幅に上がります。

「手応え」ほど不確かなものはない

▼自分で勝手に判断しないこと

「手応えを感じたのに落ちてしまった」「盛り上がったのに採用されなかった」。あなたにもそのような経験はありませんか？　反対に、「落とされると思ったけれど内定がもらえた」ということもあるでしょう。実はこれ、〝面接あるある〟としてよく聞く話です。

ある会社では、面接に来る学生も外に出たら大事なお客さまなので、面接での不誠実な対応によって不快な思いをさせないということを念頭に置き、面接を実施しているのだそうです。だから和やかな雰囲気になったとしても、それで採用されるとは限りません。「なんで落とされたんだろう？」と思う人は、面接官のそうした対応を勘違いしている可能性があります。

こうしたケースはＢｔｏＣ向けビジネスを主とする会社などでよくあります。「面接でボロクソ言われた」「人格を否定された」などの印象を与えてしまうと、商品を買われなくなったりＳＮＳに書かれたり、場合によっては株価に影響する恐れがあります。だから面接官側も注意しているわけですね。

また、**面接を受ける側の人が誤解をしているケースもあります**。

都市伝説的な感じかもしれませんが「緊張して噛んじゃったら落ちる」「すぐに質問に答えられなかったら採用されない」などと語られることもありますが、そんなことはありません。話の内容や思考プロセスが問題なければ、面接官はきちんと判断してくれます。

むしろ、**少しぐらいうまく答えられなかったとしても、カルチャーマッチしていたり、その会社で強みを生かせそうだと思ってもらえたりすれば採用されます**。基本的なスキルは入社後にも訓練すればいいのです。私が採用面接を務めるＧＡＦＡＭのうちの１社でも「弱みはあるがＴｒａｉｎａｂｌｅ（訓練可能）」というケースがよくありますが、企業としてはそれで問題ないのです。

言い方を変えると、**「すべての質問に100点満点の受け答えができなくても受かる！」ということです**。企業は完璧な人を求めているわけではありません。

一方で、**面接官が求めていないことを話し続ける人は注意が必要です**。よくあるのが「ひとり語り」ですが、自分のことばかり話して盛り上がった気になり、「どうして落ちたんだろう？」と悩む人も少なくありません。手応えがあるのに落ちている人は、「自分は気持ち良くなっていたけど、相手には何も届いていない」パターンが多いです。あるいは、自分が話そうと思っていた通りに話せず、「もう1度最初から話してもいいですか？」などと仕切り直し、覚えてきたことをそのまま話して落ちるパターンもあります。

いずれも、**自分のことしか考えていないのが問題**です。

採用・不採用を決めるのは企業であり、面接官です。**大切なのは「自分で勝手に判断しない」こと。自分の感覚で「絶対受かった」とか「絶対落ちた」と考え、それによって一喜一憂しないようにしてください**。

繰り返しになりますが、面接には相手がいて、あくまでもコミュニケーションの一環として行われます。そこに**「自分」を持ち出しすぎるとうまくいきません。面接は対人行為であることを常に忘れないようにしてください**。

面接への第1歩、ESの重要性

▼あなたのESで「ビジネスライティングスキル（企業に提出するビジネス文書としての体をなしているか？）」が問われる

就活には、ES以外にも企業研究やOB・OG訪問、Webテストなど、準備することがたくさんあります。とくに、ESは通過しなければ面接を受けられないのも事実。倍率の高い企業はESだけで10分の1に絞るケースもあります。つまり**ESは、面接に進むための関門**といえるでしょう。

ではESでは何が求められているのでしょうか。

社会人になると「論理的思考」が求められます。

とくに文章を書くことは論理的思考能力が如実に出る行為ですが、ＥＳはそれを見て足切りするためにあると言っても過言ではありません。２００文字や４００文字などの制限がある中で、質問に対して的確かつ論理的に答えるのがＥＳです。採用する企業はその内容から論理性をチェックし、**「ビジネスライティングの基礎ができるかどうか」を見極めようとしているのです。平たく言って、構成や見せ方、表現など企業に提出するビジネス文書として体をなしているか？　違和感がないか？　という点も評価対象になります。**

もちろんＥＳはこれ以外の部分も見られます。例えば長期的に売上・利益に貢献できる人材か確認するためのチェックポイントである「ウチに合っているか？（長く働いてくれそうか？）」や「ウチで活躍できるか？（活躍理由）」という視点も重要です。ただ、これらは面接で詳細を確認していくことになります。仮にこれらの要素を持ち合わせていたとしても、ビジネスライティングの基礎がなく、企業に提出するビジネス文書として体をなしていないＥＳの場合、落ちる可能性が高くなります。

私は過去、５００人以上の就活生を通じて、ＥＳに苦戦する学生をたくさん見てきました。結論から言うと、学歴や地頭は関係ありません。ポイントは「書き方／ルールを知っているか否か」にあります。要するに「ESのお作法を知っているかどうか」です。

ESをスポーツに例えるなら、ESという競技を知り、ルールを知って初めて自分の力が発揮できるようになります。**ルールもわからないまま、己の力だけに頼っても迷走するだけです。**

ぜひ正しい考え方とテクニックを身につけるようにしてください。

▼ESを成功に導く7つのポイント

ここでは、私自身の経験を踏まえて、三井不動産、三菱地所、森ビル、サントリー、キリンビール、アサヒビール、東京海上日動火災保険、三井住友海上という名だたる企業に通った実績のあるESの考え方・書き方・テクニックを伝授しましょう。

ポイントは、次の7つです。

1・結論から、全体から
2・背景、前提をシンプルに伝える
3・定性的よりも定量的な結果
4・思考↓行動の流れを徹底
5・人柄が見えるくらい具体的に書く
6・個人よりもチームワーク
7・過去の自慢ではなく、再現性を訴求する

1・結論から、全体から

ＥＳは必ず最後まで読まれるとは限りません。内容によっては冒頭で最後まで読む価値があるかどうかが判断されることもあります。なので、**質問に対して結論から答え**、かつエピソードの全体像が伝わってくる＝**続きが読みたくなる冒頭文をつくる**必要があります。

✕悪い例

学生時代に頑張ったことは飲食店のアルバイトです。

ポイント ⇐ 結論から答えていますが、全体像がわかりません。飲食店のアルバイトのどのような話なのかが冒頭で伝わってこないため、冒頭のインパクトが非常に弱くなってしまうのが問題です。

〇良い例

売上前年割れが続いていた飲食店のアルバイトで売上200%増に貢献したことです。

ポイント ⇐ 具体的な数字を加えるだけで、「何がどうなった話なのか？」全体像が補強されたことがわかると思います。このように冒頭で「結論から、全体から」を伝えられれば、読み手はどのようにそれをやり遂げたのかが気になるため、続きを読んでもらえる可能性が劇的に高くなります。

2・背景、前提をシンプルに伝える

強い冒頭文がつくれた後にやるべきことは、「背景、前提をシンプルに伝えること」です。ポイントは2つで、「①人気企業は1万通超のES応募がある」「②読み手はあなたのことをまったく知らない」ということです。つまり、初見の人でもエピソードが負荷なく、頭の中に入ってくるように、あなたの置かれている状況／現状をシンプルに伝えることが必要になります。

✕悪い例

将来グローバルで活躍する人材になるためにTOEIC860点を目指したことです。860点を取るためにはリスニングが課題だと考え、①ディクテーション、②シャドーイング、③リアルな英会話の3つに取り組んだ結果、目標である860点を取得することができました。

ポイント 一見、目標を達成し、TOEICでハイスコアも取れているので良いエピソードのように見えますが、この人のバックボーン（背景）が見えないため、この取り組みが本人にとってどのくらいチャレンジング（難しいこと）だったかがまったく伝わってきません。

○良い例

将来グローバルで活躍する人材になるためにTOEIC860点を目指したことです。初受験の520点から1年で340点上げるためには、リスニング力が課題と考え、①ディクテーション、②シャドーイング、③リアルな英会話といった3つのことに取り組みました。その結果、目標である860点を取得することができました。

ポイント 先の例に背景（520点から1年で目標を目指す）を追加すると、本人が目標を実現するために、どのくらい努力したのかがイメージしやすくなります。このように初見の相手に対しては、自分の置かれた状況、現状をシンプルに伝えることが重要です。

3・定性的よりも定量的な結果

エピソードがすごい必要はありません。むしろ、誰が見てもわかりやすい**数字で表せる**

定量的な成果が肝です。理由は、定性的な成果は客観性がないこと、人によって解釈が変わってしまうこと、イメージしにくいことからアピールするにはハイリスクだからです。

✕悪い例

学生時代に頑張ったことは飲食店のアルバイトです。いつも相手のニーズに合わせた商品提案を心がけています。一方的に提案をするのではなく、お客さまとの対話から嗜好を知り、そのうえで最も合う商品をおすすめすることで、お客さまから高い評価をいただけるようになりました。

ポイント このエピソードの成果は「お客さまから高い評価をいただいたこと」です。ただ、「高い評価」とは具体的に何か？ それは他のアルバイトと比べてすごいことなのかがまったく見えません。

○良い例

学生時代に頑張ったことは飲食店のアルバイトです。いつも相手のニーズに合わせた商品提案を心がけています。一方的に提案をするのではなく、お客さまとの対話から嗜好を知り、そのうえで最も合う商品をおすすめすることに注力しました。

その結果、お客さまの満足度を高めることに成功し、リピーターの来店率を1・5倍にアップさせることに貢献しました。また、この取り組みからアルバイト30名のアルバイトリーダーを任されるようになりました。

ポイント **お客さまからの高い評価＝「リピーターの来店率」という指標で定量的に示し、その結果「30名規模のリーダー」に任されたというこのバイト先で、他のメンバーとは異なる成果があったことを明示しています。このように自分のアクションによる結果は定量的に語れるように準備し、誰が読んでも解釈がズレないようにすることが重要です。**

4・思考↓行動の流れを徹底

残念なESに多いのが「行動の羅列」です。面接官・採用担当は「あなたが会社に入社しても、同じように成果を出してくれるか？＝再現性」を見ています。行動の羅列だと、なぜその行動を取ったのかが不明なため、再現性を十分にアピールできません。自分がなぜそう考えたのか、その**背景と行動に至るまでの思考を明確にする「思考プロセス」をセットで書ききることが極めて重要です**。

✕悪い例

体育会サッカー部で埼玉県1部優勝を目指したことです。チームには試合に出られないメンバーのモチベーションが低いという課題がありました。そこでモチベーションを上げるために、①ひとりひとりと話す機会をつくる、②試合数を増やす、③チーム全員の飲み会を企画する、といった3つの取り組みをしました。

ポイント このパターンの「ガクチカ（学生時代に力を入れた／頑張ったこと）」も非常に多いです。この違和感に気がつけなかったら成長できるチャンスです。問題は、目に見える表面的なモチベーションが低いという課題からモチベーションを上げる施策をする。という、問題を裏返しただけの解決策を実行していることです。

これは「思考停止」です。考えるべきは目に見えない、「なぜモチベーションが低くなっているのか？」という課題の真因部分です。ここを考えることで、課題の本質が見え、適切な解決策を導き出すことができます。今回の例では、モチベーションが低い理由について言及していないため、なぜこの行動で解決できると思ったのか、行動に至るまでのプロセスが見えてきません。

◯良い例

体育会サッカー部で埼玉県1部優勝を目指したことです。チームには試合に出られないメンバーのモチベーションが低いという課題がありました。

課題の真因は、①試合に出られないメンバーの意見が反映される仕組みがないこと、②練習以外でアピールする場がないことの2つだと考えました。

そこで前者については、メンバー全員の意見を吸い上げ、チームに反映させることが重要と考え、ひとりひとりと話す場を新設。後者については、試合でアピールできる場を増やすことが重要と考え、他大学と連携し、年間の練習試合数を1.5倍に拡大。

その結果、埼玉県1部優勝は達成できなかったものの、4年ぶりの準優勝を成し遂げることができました。

ポイント 悪い例と比べて「なぜその行動をしたのか？」が明確な考え／思考をベースにしていることがわかると思います。

このように、ガクチカでは必ず「思考→行動」がセットになっているかを確認し、2つセットで書ききるようにしましょう。加えて、見えている課題に対して、それを引き起こしている根本的な問題（真因）がないかも必ずチェックしましょう。

5・人柄が見えるくらい具体的に書く

賢い学生のガクチカによく見られる傾向です。「抽象度」が高くて、人柄がまったく見えてこない、他の人にすり替えても通用してしまう内容です。

✕悪い例

テニスサークルでメンバーの練習参加率を向上させたことです。所属しているサークルはメンバーが100名を超えており、練習の参加率が低いという課題がありました。

参加しないメンバーにヒアリングしたところ、「上級生と下級生がコミュニケーションを取りにくいこと」が原因だと気づきました。そこで私は、上級生と下級生が話し合える場をつくり、コミュニケーションが円滑になるように努めました。
その結果、参加率が20％アップしました。

ポイント エピソードとしてはまとまっていますが、肝心な「この学生が具体的にどんなことをしたのか？」、「この学生はどんな人柄なのか？」が鮮明にイメージできない文章になっています。
今回のケースだと「話し合える場」をつくったことは良いのですが、「コミュニケーションが円滑になるように努めた」の部分は、具体的に何をどのようにしていたのか見えません。そのため、この学生の人柄やこれからどのように活躍していくのかをイメージすることができません。

◯良い例

テニスサークルでメンバーの練習参加率を向上させたことです。
所属しているサークルはメンバーが１００名を超えており、練習の参加率が低いという課題がありました。参加しないメンバーにヒアリングしたところ、「上級生と下級生がコミュニケーションを取りにくいこと」が原因だと気づきました。

そこで、①上級生と下級生が分け隔てなく話せるような関係を構築するために、月1回の全体レクリエーションを企画し、実行しました。また、②ひとりひとりのプロフィールをホームページにまとめ、相互理解をベースに話しやすい環境を整備しました。

その結果、参加率が20％アップしました。

⇦ **ポイント** まず「上級生と下級生が話し合える場をつくること」を「上級生と下級生が分け隔てなく話せるような関係を構築するために、月1回の全体レクリエーションを企画し、実行したこと」に、次に「コミュニケーションが円滑になるように努めた」を「ひとりひとりのプロフィールをホームページにまとめ、話しやすい環境を整備した」と具体的な行動がイメージできるレベルに落とし込むことで、人柄がグッと見えやすくなっています。

今回のケースは抽象から具体にすることで、「この学生は誰もやりたがらないことでも丁寧にやってくれるんだろうな」、「率先して組織を良くするために行動してくれる学生だな」といったイメージを相手に残すことができています。

話し合える場をつくる、コミュニケーションを円滑にする、お客さまのニーズに合った提案をする、周囲を巻き込んで取り組むなど、概念はわかるけど具体的な行動がボヤっとしている抽象的な言葉の使用は人柄が見えにくいので気をつけましょう。

6・個人よりもチームワーク

ESは個人でのワークのエピソードよりも、チームワークのエピソードがおすすめです。理由は2つあり、「①仕事はチームワークがメインだから」「②自己PRや強みに関する質問で個人でのワークや個人スキルはアピールできるから」です。組織の中でどのような役割を担い、どのように貢献できたのかを伝えられるようにしましょう。

✕悪い例

学生時代に頑張ったことは経営学のゼミでA評価を取ったことです。ビジネスに生かせる知識を習得するために、ゼミ生30名で3人しかもらえないA評価を目指しました。①毎日教授に質問をすること、②1日3時間勉強することを継続した結果、A評価を獲得することができました。

ポイント 個人としてA評価を取ったことは良いのですが、ゼミという組織に所属していながら、組織に対しての貢献が語られていない点が非常に惜しい点になります。会社は個人的にスキルがあることはもちろん、組織に貢献してくれる人を採用します。似たようなエピソードであれば、チームワークの観点で組織貢献している学生のほうが、通過率が高くなる可能性があります。

◎良い例

学生時代に頑張ったことは経営学のゼミで、ゼミ生全員を巻き込んだ学びの場を仕組み化したことです。私のゼミは体育会の学生が多く、全員が集まって学べる機会が少ないため、個人間で知識差が大きいことが課題でした。

そこで、全員のスケジュールを可視化したうえで、週1回の勉強会を提案。教授の力を借りて、外部講師を呼び、ゼミ生が楽しんで学べるコンテンツづくりを心がけました。

その結果、週1回の勉強会にゼミ生30名が100%参加するようになり、ゼミ生の経営学の評価も平均BからAにアップしました。

ポイント　組織の中での役割、具体的な行動、結果を加えることで「組織の中でリーダーシップを発揮して、結果を残せる人」という印象が強く残せることがわかると思います。個人のワーク・スキルは他の設問で補うことを前提にし、ガクチカはチームワークのエピソードをアピールし、チームの中でも活躍できる人材であることを印象づけましょう。

7・過去の自慢ではなく、ビジネスでの再現性を訴求する

とくに体育会の学生に多いケースです。実績やすごいエピソードを自慢することにフォーカスをしすぎて、その過程で培った学びや考え方を相手に伝えられていないような内容です。実績そのものよりも重要なことがあります。それは、その実績を出すためにどう考え、どう実行したのか（思考→行動の流れを徹底）、そこで何を学び、どのように生かせているのか、の部分です。なぜなら、それが相手に再現性をアピールすることにつながるからです。

×悪い例

学生時代に頑張ったことは、体育会野球部で神奈川県最優秀個人賞をピッチャーとして獲得したことです。

最優秀個人賞を取るために、「球速」と「スタミナ（体力）」が課題と考えました。そこで前者は筋力トレーニングを強化すること。後者は練習後の自主練習で誰よりも残ることを徹底しました。その結果、球速は１４０ｋｍまで伸び、９回まで投げ切れるようになり、最優秀個人賞と神奈川県優勝を成し遂げることができました。

⇩

ポイント 野球選手として素晴らしい結果を残していることは、誰が見ても明らかですが、会社員としてビジネスの場で活躍できるか、再現できるかどうかは、この文章だけではわかりません。

実際このケースは非常に多く、成果の再現性ではなく、実績を自慢することを主眼としているため、「その道のプロになったほうが良くない？」と面接官だったら思うかもしれません。つまり、今回のケースだと「野球で活躍できる人材であること」だけをアピールしたことになってしまいます。

○良い例

学生時代頑張ったことは、体育会野球部で神奈川県最優秀個人賞をピッチャーとして獲得したことです。最優秀個人賞を取るために、①過去の全試合をビデオ分析し、②監督やチームメイトに意見をもらい、課題を洗い出しました。そこから「球速を上げること」と「9回まで投げ切れる体力」を最重要課題に設定。前者は、本や動画を参考にオリジナルの筋力トレーニングを開発し、実行。

後者は、練習後の自主練習で1時間のランニングを1回も欠かさずに実施しました。

その結果、球速は140kmまで伸び、9回まで完投できるようになり、個人として最優秀個人賞、チームとしては神奈川県優勝を成し遂げることができました。

この経験から、現状を分析し、既存のやり方にとらわれない解決策を考え、継続して行動することで、高い目標を達成できることを学びました。

ポイント 悪い例と比べて、会社員としてビジネスのフィールドで活躍するために必要な考え方や学びを身につけていることがわかると思います。再掲になりますが、大事なのは実績そのものよりも、どのような思考と行動でそれを実現したのか？　そしてそこから何を学んだのか？　のビジネスでの再現性につながる部分です。

特筆すべき実績がなくても大丈夫です。実績をアピールするのではなく、会社員として活躍するための、思考性や強み（行動特性）、学びを持っていることがアピールできればOKです。

過去の自慢ではなく、ビジネスでの再現性にフォーカスをしてエピソードを練り、アピールしましょう。

▼ESのブラッシュアップ方法

ESをブラッシュアップする方法は2つあります。

1．「unistyle」の活用

「unistyle」とは年間約10～11万人の上位校学生が登録している就職情報提供メディアです。このサイトではいろいろな先輩就活生のESを閲覧することができるのでおすすめです。ただし、ここで絶対にやってはいけないことが、サイト内で紹介されているESの内容（言葉・エピソード）をそのまま拝借することです。

この内容でESが通ったとしても、結局のところ面接で自分の言葉で話せなければ撃沈することになります。**参考にすべきなのは、文章そのものではなく、「結論→背景と現状→課題発見→課題解決の方向性→解決策実行→結果→学び」といった「ストーリー構成・ロジック」**。どういう構成でESを書いているのかが重要なのです。

自分がいいと思ったESの構成を参考にしてみましょう。unistyleではいろんなESの構成が見られるので、ぜひチェックしてみてください。

2・OB・OG訪問

OB・OG訪問は絶対にやりましょう。**ESはひとりで100時間書いても、完成度は上がりません**。100時間ひとりで悩むよりも、まずは書いて、信頼できるOB・OGに添削してもらうことを10セット繰り返したほうが、クオリティは劇的にアップします。

最初から完璧なESは書けなくても問題ありません。7つのテクニックを理解しただけでは、うまく書けないかもしれません。なぜなら、**「わかる」と「できる」の間には大き**

な壁があるからです。ESは少しスポーツと似ているかもしれません。体の動かし方や戦術を頭の中で理解していても、実戦でその通りに動けるかというとそうはいかないはずです。ベストなパフォーマンスを発揮するのには、やはり日々の練習が必要になります。

ESのテクニックを理解したら「できる」ようになるためにひたすら書く練習をしましょう。書き続けることで自分なりのコツがつかめるようになってきます。OB・OG訪問の際に添削も依頼してブラッシュアップしていけば良いのです。「わかる」から「できる！」側にシフトしましょう。

第2章

脱マンネリ化。想定面接質問集の落とし穴

想定面接質問集から卒業しよう

▼なぜ想定面接質問集ではうまくいかないのか？

面接で「想定面接質問集」に頼る人は少なくありません。ただ、想定面接質問集に頼りすぎてしまうと、面接時に臨機応変な対応ができなくなり、コミュニケーション能力においてマイナス評価となるリスクがあります。

たしかに想定面接質問集には、「どのような質問がされるのか」を知ることができるという利点があります。中には３００ページ以上の分厚い本もあります。それを読んでいるだけで、なんだか面接をうまく乗り切れるような気になれます。

そこに落とし穴があります。**想定面接質問集を読んでいるだけでは、内定を勝ち取ることはできません**。理由は大きく2つあります。

1つは、そのすべてを暗記して面接に臨むのは不可能であること。機械的に暗記したとしても、自分にとって納得できる内容とは限らないため、ツッコんで質問をされるとボロが出ます。つまり、暗記すること自体に意味がないのです。

もう1つは、前章でも述べているように、面接はコミュニケーションであること。コミュニケーションである以上、双方向のやり取りが必要です。あなたが回答を暗記して対応してしまうと、相手には必ずその違和感が伝わります。

また、あえて付け加えるとすると、想定面接質問集に頼っている時点でインプットに偏重している可能性があります。そうでなくても就活をしている人の多くがインプットに偏りがちなので、「これを読めばなんとかなる」という思考を変える必要があるのです。

まずは、想定面接質問集を読んで「やっている感」に浸るのをやめましょう。本当はまだ何もしていません。**自分の足で情報を集め、話を聞き、模擬練習や実際の企業の面接を受けてこそ実力が高まります**。

耳の痛い現実かもしれませんが、それが面接というものなのです。

▼まずは「負のサイクル」から脱すること

学校でも、黒板の文字をノートに一生懸命書き写しているけれど、あまり成績が良くない人がいたと思います。想定面接質問集に頼るとはつまりそういうことです。自分の頭で理解し、回答に腹落ちし、アウトプットできる状況をつくらなければ意味がありません。

面接の現場でよく見かけるのは、明らかに頭の中のスクリプトを読もうとしている人です。面接官をしているとそれがわかります。違和感というか、「暗記したことをそのまま喋っているな」という印象があります。

その背景にあるのは、**面接に対する苦手意識**です。漠然とした苦手意識を持っている人は、次のような負のサイクルを繰り返してしまいます。

「面接で何を聞かれるのかわからない↓想定面接質問集を手に取る↓暗記するために読み込む↓アウトプットの時間が足りなくなる↓面接で失敗する」

つまり**落ちる人の99%は、「準備が完了してからアウトプットしている」**ということです。

これは裏を返すと、「準備が完了するまでアウトプットしない」ということになります。

つまり落ちる人たちは、想定面接質問集をすべてやりきるまで模擬面接を受けたり、面接の練習をしたりしません。

だから落ちてしまうのです。

そもそもインプットには終わりがありません。知識や情報を入れ続けることにハマる人は多いですが、その先にゴールはありません。英語の勉強をし続けているけれど、一向に外国人とコミュニケーションを取れるようにならないのと同じです。単語帳を見ながら英単語を暗記しても、実際の会話ではうまく話せるわけではありません。

面接も同じです。実際に面接を受けてみるとわかりますが、どの会社でも、聞かれることは大きく変わりません。「ガクチカ」や「困難だったこと」などの大項目はどれも似通っていますし、そこに付随する質問事項もだいたい同じです。

それらを中心に自分なりの回答を用意し、練習を繰り返しつつ、それでもカバーできない部分を想定面接質問集などで軽く眺めておく。そのようなアウトプットを主軸としたインプットのイメージで取り組んでいる人が面接でうまくいくのです。

▼想定面接質問集では強すぎる経験に勝てない

就活生の中には「アフリカの大使館でアルバイトをしていた」などの、特異な経験を武器にする人もいます。これは総合商社を受けに来た人の例ですが、そのようなライバルに想定面接質問集にあるような回答で太刀打ちできるはずもありません。

「海外に興味がある」という人は、「海外で働いた経験がある」「海外の大学を出ている」人には、経験の段階で大きな差をつけられてしまいます。とくに総合商社のような人気のある業界では、そうしたライバルがたくさんいると考えたほうが良いでしょう。

例えば私の大学の先輩は、海外経験はなかったのですが、次のようなエピソードを披露して総合商社の中でも超難関の企業から内定を得ました。

監督をはじめとする〝大人〟がいない部活で部長として活動しました。約70名の部員を長としてまとめるにあたり、会社を経営する感覚で取り組んでいました。会社の利益にあたる部分を「勝ち」と定義し、勝利というアウトプットを高めるために部員らをマネジメントし、組織のために貢献しました。具体的には、部活のホームページを新しく立ち上げたり、当時としては珍しかったYouTubeチャンネルを立ち上げたりなど、部活をどうやって大きくできるかを考えて行動。その結果、勝利だけでなく、部活動自体の拡大にもつなげられました。

先程の「アフリカの大使館でアルバイトをしていた」のような派手な経験ではないものの、自分がしてきたことを客観的に分析し、社会人にもわかりやすい「会社を経営する感覚で」などの表現を用いることで、巧みにイメージを醸成しています。

これが「部活動の部長をしていました」「部活で結果を出しました」というよくある表現になってしまうと、同じような評価は得られないでしょう。

やはり印象に残るような工夫＝差別化が不可欠なのです。

想定面接質問集を暗記して本番に臨もうとする姿勢では、そのような工夫はできません。大切なのは、**自分の頭で考えてエピソードをつくり上げること**です。

例えば総合商社の面接を受けるのであれば、「ファミレスでアルバイトをしていました」というよりも、「雷門の近くにある和菓子屋でアルバイトをし、外国人観光客を相手に英語で接客をしてきました」というほうが似たようなアルバイトの話よりも差別化できます。

重要なのは、自分軸と正しい分析のやり方

▼戦略的に就活を進める方法

就活においては、**自分軸と正しい分析のやり方によって伝える内容を具体化していくこと**が求められます。どれだけ時間をかけたとしても、自分軸がなかったり分析の仕方が間違っていたりすると、適切な受け答えができません。想定面接質問集を200問暗記しても内定が取れないのと同じです。

面接での受け答えには当然その人ならではの視点、価値観つまり「自分軸」が必要ですし、情報収集するのにも網羅的にやるのではなく「正しい分析のやり方」によって必要な

知識を得ておかなければなりません。

これもある種の逆算思考かもしれませんが、**企業が求めているものに対して自分軸と正しい分析のやり方を加味しつつきちんと受け答えできる人だけが、面接官を納得させることができるのです**。

例えば、「自分にはリーダーシップがあります」とアピールする場合。想定面接質問集をもとにエピソードを組み立てていると、軸がないので、深掘り質問が続くと矛盾が生じることがあります。

大切なのは、リーダーシップがあると主張しつつ、そこに自分軸のあるエピソードとして「他の人ではなく自分だからこそ、何ができたのか?」を持ってくること。自分の強みを明確にしたうえで、ブレのない受け答えをしなければなりません。それが本来の面接対策です。

では、正しい分析のやり方とはどのようにすればいいのでしょうか?

分析のためのツールとしておすすめなのは、**「3C分析」**です。3C分析とは、企業のマー

自分軸を明確にするための3C分析

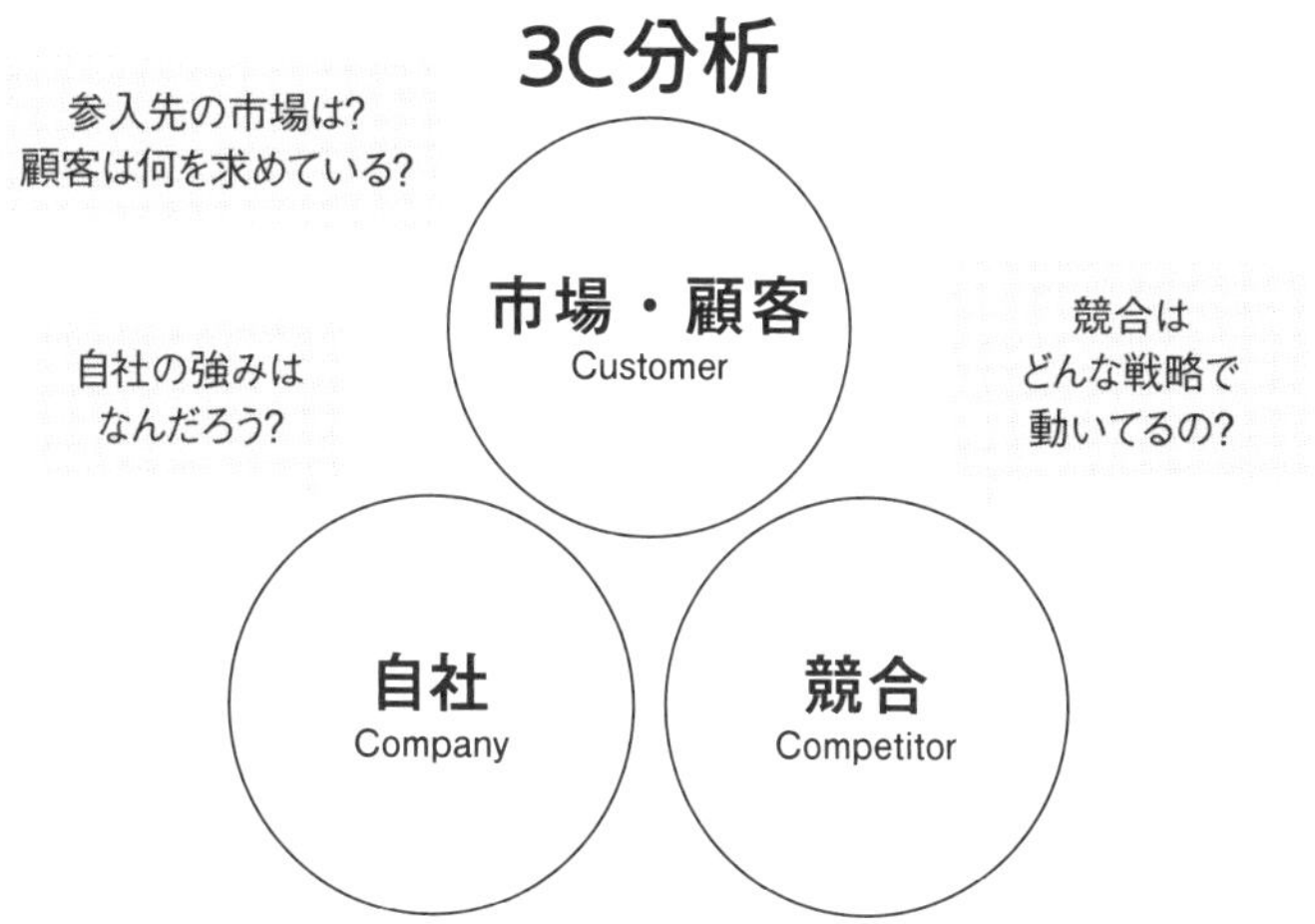

ケティング戦略の策定においてよく使われているもので、次の3つの頭文字を取ったものです。

・顧客（Customer）
・自社（Company）
・競合（Competitor）

「市場・顧客」「自社」「競合」の3つを第1章のP64で紹介した図を参照しながら、就活している自分に当てはめてみましょう。

まず「市場・顧客」というのは、市場やお客さまのニーズを理解することです。就活生の場合は、志望する会社や業界が求める人材や活躍するために必要な強み・スキルを確認します。つまり、企業・採用側のニーズを理解することです。P64の図の中では、「A業界・A社で活躍できる↓欲しい人材」を知るための事業・業務理解ですね。まずはこの分析が必要です。

次に「自社」については、市場やお客さまのニーズを踏まえて自社の強みを生かし、どのような価値を提供できるのかということです。就活生であれば、リーダーシップや信頼関係を構築する力など自分の再現性のある強みを、具体的なエピソードを交えて伝え、それがどう会社の貢献につながるのかをアピールします。**ここで大切なのは顧客（Customer）のニーズ、つまり企業・採用側のニーズを満たすことができる自分の強みを特定することです。**

最後に、「競合」についてです。事業と同じように就活においても競争相手となる他者（他の学生）がいます。彼らに負けないよう、より優位で魅力的な学生と思ってもらうための差別化（他ではなく、自分が選ばれる理由づくり）を意識しなければなりません。

例えばリーダーシップを主張する場合でも、ただリーダーシップを発揮したエピソードを持ってくるのではなく、自分なりの独自の視点や価値観を盛り込むようにします。同じリーダーシップでも、「背中を見せてゴリゴリ引っ張っていく」人もいれば、「みんなと地道に信頼関係を築いて、それぞれの意見を取り入れていく」人もいるでしょう。

これらをまとめると、まずは**企業が求める人材のニーズを分析**し、そのうえで自分がどんな**強みを押し出すべきなのかという分析**をし、それらを踏まえて競合となるライバルたちを強く意識して、仮説を立てて**差別化**していくこと。それが戦略的な就活の進め方となります。

競合分析においては、仮に自分とまったく同じ強みをアピールしている学生が100人いたときに、**「自分ならではのウリは何か?」「どこに自分らしさがあったか?」**を考え抜くことが大切です。

企業分析のために何をすればいいのか？

▼企業分析は「スタンス」が大事

企業分析に関して、私が常日ごろから言っているのは**「スタンスが大事」**ということです。では、スタンスとはなんでしょうか。

多くの就活生が、志望する会社を漠然と〝理解する〟ために企業分析をしています。基本的にはそれで問題ないのですが、「この会社はどんなことをしているんだろう？」という素朴な疑問を解消するために**企業分析を行い、それを知っただけで満足してしまうと目的がズレてしまいます**。例えば、会社がこれから注力する領域で働きたいという明確な目的を持ったうえで、売上成長率や各部門の人数などをチェックすることは意味があります。

そもそも企業分析をする理由は、志望する企業に採用されるためです。面接官に「この人を採用したい！」と評価してもらうための情報でなければ意味がありません。それなのに、目的もなく売上や、従業員数をチェックしている人がたくさんいます。**重要なのは、その会社に入ってから活躍し、貢献することです**。

まずは、1週間後にその会社に入社することになったとして、すぐに働ける具体的なイメージがあるかどうかを考えてみてください。企業分析はそのために必要な情報を得るものであって、それには会社の売上や従業員数はあまり関係ないはずです。それがスタンスということです。志望企業でいつでも働ける準備ができている状態を目指すことが理想です。

本書で何度も繰り返していますが、採用されるためには、その会社の売上・利益に貢献できるかどうか、入社してから活躍できるかどうかがポイントです。そのスタンスで企業分析をし、**自分が実際にそこで働くというマインドで行動することがすべての入口**です。

しかも、漠然と「営業職に就ければいいな」と思うだけでなく、「1年後に営業として活躍するには何が必要か？」という姿勢を持っていれば、本当に知るべきこともわかってくるはずです。そのような正しいスタンスを身につけることからはじめましょう。

▼企業分析でやるべき5つのこと

さて、正しいスタンスを踏まえたうえで、就活における企業分析では何をすればいいのでしょうか。代表的なものには次の5つがあります。

1．会社説明会
2．OB・OG訪問
3．IR情報
4．書籍
5．転職者向けの口コミサイト

1．OB・OG訪問

OB・OG訪問は主に業務理解を深めるために行います。その会社の社員がどんな仕事をしているのかを知ることで、**面接で具体的な対策ができるようになる**のです。

具体的なやり方は後述しますが、コツとしては志望企業と同じ業界の他社もきちんとチェックしておくこと。例えばビール会社のK社に入りたい人の場合、ライバル会社となるS社やA社なども調べておくと、他社視点での強みや弱みがわかるようになります。

志望企業だけの情報・視点とは異なる視点の情報も知っておくことで、その会社や業界のことがより立体的に理解できるようになります。あまりできている人は少ないのですが、だからこそ、他者との差別化にも役立ちます。

2・会社説明会

次に会社説明会ですが、これは誰もが行っていることなので詳しく言及する必要はないでしょう。

ポイントとしては、事業理解と業務理解のうち、とくに前者を理解できるのが会社説明会です。志望する会社だけでなく、業界全体のことも理解するようにしてください。

また業務理解については、OB・OG訪問などできちんと掘り下げるようにしてください。とくに差をつけられるのは、**事業理解よりもむしろ業務理解のほうです**。

3・IR情報

会社のホームページや採用ページはみなさんチェックしていると思いますが、加えて、**IR情報にも目を通しておきましょう**。中でも「有価証券報告書」に目を通しておくようにしてください。もちろん投資家の人が見るように内容を精査する必要はありません。むしろ、「その会社がどこに進もうとしているのか?」「どんなチャレンジをしようとしているのか?」「今後どうなるのか?」などをよく見るようにしてください。

こうすることで、その会社がこれから目指す方向性とのズレがなくなり、よりマッチした話をアピールすることができるようになります。

4・書籍

書籍に関しては、**志望する会社の代表者や社員が書籍を出している場合に目を通しておきましょう**。例えばもしあなたがキーエンスを志望するのであれば、キーエンスの代表者や社員、あるいはOB・OGが出している書籍を調べて手に取ってみてください。そこから会社のことをより深く理解できることがあります。

いわゆる実用書だけに限りません。小説などで取り上げられている企業や業界もたくさんあるので、そうした媒体から情報を得るのも良いでしょう。

ちなみに私はビール会社を志望していたので、当時はビールメーカーの営業に関する小説をいくつか読んでいました。小説は登場人物（ステークホルダー）の理解や仕事を通じた感情変化をリアルに疑似体験できるので、それによって業界や企業に関する解像度が高くなったと感じています。

5・転職者向けの口コミサイト

最後は転職者向けの口コミサイトです。

転職者向けの口コミサイトにはさまざまなものがありますが、代表的なものとして「ＯｐｅｎＷｏｒｋ」があります。ＯｐｅｎＷｏｒｋは、転職者だけでなく学生の就活にも使えます。学生ユーザーとして登録すると、卒業年度に応じた「新卒版」が使えるようになります。とくにＯｐｅｎＷｏｒｋは、働いている人がレビューをしているなど、信憑性のある情報が多数掲載されています。一般的なＳＮＳのように雑多な情報が流れてくるわけではないので、就活の一環として使いやすいと思います。

知るだけで差がつく。OB・OG訪問でやるべきこと

▼OB・OG訪問は「目的」が大事

OB・OG訪問を複数回している学生は、志望する企業に内定できる確率が非常に高いです。理由は3つあります。

1・情報の差別化

書籍やインターネットのように他の就活生でも手に入るような情報ではなく、社会人の経験に基づいたリアルな情報を手に入れることができます。具体的な業務の情報を得ることもでき、その業界や企業で働く具体的なイメージを持つことができます。

2・面接／社会人に慣れる

OB・OG訪問で社会人に会うのは緊張します。ですが、何回か社会人と会って話すことで徐々に慣れてきます。その結果、社会人と話すことに自信が持てるようになり、面接で面接官（社会人）と話すことにも自信を持てるようになります。

3・ベンチマーク／モデルの発見

ベンチマークとは、目指すべきあり方や規範となるモデルのことです。「社会人になってどういうことをしたいのかわからない」「どんな人間になりたいのかわからない」と悩んでいる就活生は多いのですが、**OB・OG訪問をすることで、社会人としてカッコイイ人、憧れる人、尊敬する人に出会えるチャンスが増えます**。

このような社会人のベンチマークを発見できれば、自分のやりたいこと、なりたい自分を知るキッカケになり、キャリアプランの解像度を上げることができます。

では、OB・OG訪問では何を聞けばいいのでしょうか？

私がOB・OG訪問で必ず聞いていた質問は次の通りです。

・○○さんから見て、このESで書類通過するでしょうか？（Yes／No）
・その理由も教えていただけますでしょうか？
・○○さんが面接官だったら、このESからどんな質問をしますか？
・志望動機はこの業界でなければいけない理由になっていますでしょうか？
・私のやりたいことはこの業界／御社で実現可能でしょうか？
・○○さんがこの業界・御社の面接でされた質問はどんなものがありましたか？
・○○さんはなぜ競合他社ではなく御社を選んだのでしょうか？
・○○さんの1週間の仕事のスケジュール感を教えていただけますか？
・その業務では、どんな能力が求められていますでしょうか？
・その業務では、どんな人が活躍しているのでしょうか？
・その業務では、社内・社外どのような方々と仕事するのでしょうか？

とくに、「志望動機」は準備してきた人にとっては、最も差別化できる要素なので業界の志望動機、業界でやりたいこと、その会社でやりたいことにズレがないかは入念にチェックするようにしていました。

他にも、私はＯＢ訪問を通じて面接対策ノートも作成していました。ＯＢの方にＥＳを見てもらい、どんな質問が想定されるか？　その業界や企業でどんな質問をされたか？　をすべてノートに記し、リスト化して回答を準備しておきました。その甲斐もあり、面接では９割近くが想定内の質問だったので、自信を持って受け答えすることができました。


右ページの質問に加えて、おすすめなのが**「自分が気になっていることを素直に聞くこと」**です。逆に言うと自分が興味ないことは聞かなくてＯＫということです。「20代のうちに海外勤務・マーケティングをしたい」のであれば、それが現実的にできるのかを確認する。不可能であれば、どのような人材であれば可能になるのかを聞いてみるのです。

このように自分が気になっていることを正直に聞くことで業界・企業・業務理解が深まります。**目的・意図のない質問を避け、ＥＳ通過や面接通過など、明確な目的を持って質問するようにしましょう。**

重要なのは、1回1回のOB・OG訪問に明確な目的を持つことです。

例えば、「今日は志望動機を深めるためにビール業界の仕事の仕方を理解する」などです。目的を言語化してノートなどに書いておき、その目的を達成するためにどんな質問をすれば良いのかを考えます。

これを何回も繰り返すことで1回のOB・OG訪問で確実に成長できます。

OB・OG訪問の目的が明確でないと得られるものは本来の1%程度になってしまいます。「周りがやっているからOB・OG訪問しよう！」などと、「OB・OG訪問」そのものが目的にならないよう注意しましょう。

▼OB・OG訪問アプリ「Matcher（マッチャー）」の活用

OB・OG訪問先を見つける方法はさまざまですが、とくにおすすめなのがOB・OG訪問アプリ「Matcher（マッチャー）」の活用です。なぜ数あるサービスの中でもMatcherなのかと言うと、このサービス自体がギブ&テイクになっているからです。

「OB・OG訪問を受けてもいい」という社会人が、受けるうえでの条件を掲示し、それに学生が応えることでOB・OG訪問が成立します。

つまり、基本的な社会人のスタンスとして学生に協力する、つまり力になりたい人がいることが最大のメリットです。

自力でOB・OG訪問にこぎつけても、ESの添削をしてくれるとは限りません。なぜなら社会人が学生のESを添削するメリットはゼロだからです。

しかし、Matcherの場合はギブ&テイクの関係が成り立っているので、ES添削も学生側がギブを返せば基本的には協力してもらえます。

私も過去、アプリで100人以上の人に会ってきました。そこで得られた学びを踏まえ、他の就活生と差をつけるには次の6つのポイントを押さえておきましょう。

1・志望業界でレビューの多い人順に50人申請する
2・承認が来たら秒速で返信する
3・場所はどこでもOK。日時は候補を多く送る
4・最低でも5人は志望業界の人に会う

5・中でも志望企業の人は3人以上に会う

6・「4」「5」を通じて5人以上にESを見て助言をもらう

もし志望企業の人がいない場合は「4」の人から紹介してもらいましょう。紹介してもらうときは、相手になんらかのメリットをつくることが大事です。ちょっとしたお土産などが一般的です。渡した後に「実はお願いが……」と切り出すなど、相手にギブしてからテイクすれば紹介してもらえる確率が上がります。

また「1」から「6」までトータルでかかる時間は、移動時間を抜いたら40時間程度です。1日1~2時間の取り組みで、1か月ほどで完了します。「ここまでやらなきゃダメなの？」と思った時点で、第1志望の企業は諦めたほうが良いと思います。

難関企業の場合、本気で受かりたいと思っている学生はあなたが想像している以上に徹底的に準備をしてきます。早くからインターンに参加したり、インターンを通じていろんな社会人に会ったりしているのです。このくらいの量をこなさないと他の人とは差がつけられないと思うようにしましょう。

もちろん、すべての内定者がここまでやっているとは限りません。しかし「本気で受かりたい」「絶対に受かりたい」と思うのであれば、このくらいの準備をしてやっと同じ土俵に立てると思いましょう。**大事なのは結局「やるか、やらないか」ということ**です。

やったほうが良いと思っていても、言い訳をしてやらない人はたくさんいます。やれる環境が目の前に転がっているのに、それをやらないということは、自らチャンスを捨てていることになります。自分に合った企業を見つけ、そこに入社して活躍したいなら、1％でも勝率を上げることにコミットする必要があります。

本気で受かりたいのなら、徹底的に行動しましょう。

情報は収集するだけでは意味がない

▼情報収集は手段である

情報収集は、「すべてを網羅する」と意気込んでやる必要はありません。会社説明会からOB・OG訪問まで方法はさまざまですが、それらを全部チェックすることが目的ではないのです。**インプットをするのはアウトプットのため**。面接時にきちんと対応できればそれで問題ないのです。

私自身は、サントリーやキリンビール、森ビルなどから内定をいただいた当時は、書籍に加えて、OB・OG訪問も業務理解を深めるために力を入れていました。なぜならそれが、「どういう人を求めているのか？」求められる人物像の深い理解につながると考えていたからです。

どの企業にも、求めている人材の像があります。そしてその像は、「リーダーシップ」「オーナーシップ」「問題解決スキル」など、複数の要素から成り立っています。業務理解を通じてそれを理解することが、面接時のアピールに役立つと思ったのです。

それがスタンスです。**「なんのためにそれをするのか」が明確であり、なおかつ、それがきちんと面接時の適切なアピールにつながっていることが重要です。正しいスタンスがないと、自己満足に陥ってしまう恐れがあるので注意してください。**

大事なのは、先にも伝えた通り、仮に1週間後に入社することが突然決まったとしても、**ちゃんと働ける自信とイメージを身につけるために今何が必要なのかを知ること**です。そのためには「どんな仕事をすることになるのか？」「どんな能力が必要で、どんな強みが重宝されるのか？」を知らなければなりません。**頭の中でリアルに働いている状況をイメージできるようにするのです。**

情報収集はそのための手段です。すること自体に意味はありません。その先にあるアウトプット、つまり面接官に「この人が必要だ」と思ってもらうためのトークを展開するために必要だからするのです。

インプットが得意な人ほど、こうした誤解をしないように気をつけましょう。

▼常にアウトプットを意識すること

事業理解においても業務理解においても、勝負は、他の誰よりも「自分がその会社で貢献・活躍している姿」を解像度高くイメージできているかどうかで決まります。そしてそれを、面接できちんと伝えるべくしっかりと練習を積み重ねるのです。

つまりアウトプットです。OB・OG訪問やインターン、書籍などで事業理解・業務理解をしたうえで、企業がどういう人材を求めているのかを理解できれば、アピールするべき事柄も自ずと見えてきます。解像度が高くなるわけです。

就活における情報収集はその先に必ずアウトプットがあります。**情報収集のための情報収集をするべきではありません**。目的を持って調べるのであれば良いのですが、漠然と調べて知り得た知識を脈略もなく面接で話しても、企業が求めているアピールにはつながりません。

「私は御社のことをこんなに知っています」というアピールは求められていないのです。そうしたいらない情報ではなく、**アウトプットするときに何が必要なのか、どうすれば自分をより良く見せられるのかを踏まえ、情報収集をしてください。**頭でっかちになるだけではまったく意味がないのです。

加えて、**「誰でも簡単に入手できる情報には意味がない」**という点も踏まえておきましょう。会社説明会や採用ホームページで得られる情報は、みんな知っています。それをそのまま使っても、他者と差別化することはできません。

採用を勝ち取るためには、より解像度の高いキャリアプランのアピールや志望動機につなげられる独自の情報を積極的に入手し、活用していく必要があります。難しいことではありますが、それだけの努力をしないと、面接に落ち続けることになりかねません。

令和の時代になっても、「足で稼いだ情報」はやはり強いのです。就活の強者は、足で稼いだ情報を生かすだけでなく、「それだけ御社のために行動しているということ」を上手に使って、志望度の高さも同時にアピールしています。

自分の夢を叶えるために必要なものを明確化しよう

▼就活の土台となる「夢」

就活では「夢を叶える」という視点も大切です。

夢といわず、「こういう人になりたい」「こういうキャリアを実現したい」であればわかりやすいでしょう。その土台があってこそ「どんな会社に入りたいか」「どんな仕事をしたいか」などが明確になります。

私自身、自分が望むキャリアを実現するべく努力を重ねてきました。面接もその一環で、**内定を得ることがゴールではなく、自分の未来をつくること**を意識してきました。それが結果的に、就活や転職で複数の会社の内定を得ることにつながりました。

「会社に依存する」という考えの人と、「こういう風に生きていける人になりたい」、「会社を使って〇〇を実現したい」という発想を持っている人では、就職も転職も方向性が違ってきます。それは自分軸を明確にすることもそうですし、もっと言えば、人生全体を左右する重要な要因になります。

だからこそ夢は、就活のスタート地点における根っこになります。加えて、自分の夢がどういうものなのか、つまり将来どうなりたいのかを知ることは、自分自身を理解することにもつながります。

会社に入ることもそうですが、その前提となる就活も、自分の理想を実現するための手段です。手段ということは、先に目的があります。具体的には、**「叶えたい未来があるからその会社に入る」**というロジックになるでしょう。

夢があることで、将来のキャリアプランもイメージしやすくなります。**みんなが就活をしているから自分もするというのではなく、将来こういう風になりたいからどの会社に入ってどんな活躍をしたいのかを思い描いていれば、手段として就活や転職を使えるようになります。**

夢というと「大きなこと」と思いがちですが、「自分がどう生きたいのか」を明確にすれば問題ありません。プライベートを充実させたいのなら、安定企業の事務方に就くのも1つの方法です。コツコツ地道な生活を送りたい人には、そのほうがフィットしているかもしれません。

丁寧に生きることに幸せを感じ、そこから新たな夢が生まれることもあると思います。夢というと、起業や莫大なお金をイメージする人も多いですが、そういうことでなくてもいいのです。自分の生き方に合ったもの、自分が納得できるものがあるのであれば、それが目指すべきところかもしれません。

将来のライフスタイルを思い描くことで、キャリアの道が見えてくることもあるのです。くれぐれも「就活人気企業ランキング上位だから」と安直にキャリアのスタートを決めないようにしましょう。

▼夢を細分化する

自分が描く未来を明確にするためには、「要素化」「細分化」をすることが大切です。「将来こうなりたい」「こういう生活がしたい」「家族と幸せに暮らしたい」などの漠然とした理想をもう少し細かく分解し、そのために何を実現すれば良いのかを考えていくのです。

- こういう働き方をする必要がある
- 中小企業より大企業のほうが転職の幅が広がる
- 専門スキルを磨かなければ

など、理想とする未来を実現するために必要な要素が見えてくると、キャリアプランやどの企業に入るべきなのかも明らかになります。大きな夢を細分化して要素化し、言語化するプロセスは、そういう意味で非常に重要です。

私の場合は、「会社員になるからには、最終的なゴールとして社長になりたい／社長を目指したい」という思いがありました。長い社会人人生、高い目標を目指さないと働くモチベーションや成長スピードがいずれ低下していくと当時考えていたからです。そのため就活は「社長になるための手段」という位置づけで行っていました。しかも起業という道は選ばず、企業に入ってマーケティングの専門スキルを得ることを目指していました。当時、日系、外資系大手の社長の経歴をチェックしていましたが、その多くがマーケティングをバックグラウンドにしていました。

さらに、日系企業と外資系企業の両方でマーケティングを経験している人が活躍していたため、「マーケティング」「日系企業と外資系企業」という軸が自分の中にできました。事実、日系メーカーでマーケティングを経験した後、外資系企業にマーケティングのブランドマネージャーとして転職しているので、現在も当初のキャリアプランを歩んでいます。自分が理想とする夢と、それを細分化したキャリアプランがあったために、ブレることなく自分軸で進んでいくことができたのだと思います。

ぜひあなたも、自分の夢を叶えるために必要なものを明確化し、それを就活においても重視するようにしてください。

君はその会社で何をしたいのか？　何ができるのか？

▼内定や入社はゴールではない

「会社に入ってから将来のことを考える」のはやめましょう。そのスタンスでは、就活そのものがうまくいかなくなります。面接での受け答えも、そうした姿勢が面接官に伝わってしまい、「ウチに貢献してくれる」「ウチで活躍してもらえる」「ウチに合っている／ウチで長く働いてもらえる」とは思ってもらえません。

何度も言いますが、**会社に入るのがゴールではなく、むしろそこがスタート**だと考えてください。そして、スタートダッシュをかけるために面接をきちんと掘り下げ、時間と労力をかけてやるべきことをし、あなたが実現したい未来へと向かっていくのです。

考えてみてください。もしあなたが企業の面接官だったとして、「会社に入ってからやりたいことを探せばいいか」と考えている人を採用したいと思いますか？　その人に数億円の投資をしよう！　と決断できますか？　また、そのような人が会社に貢献してくれると思いますか？

当然思いませんよね。

企業は学校とは異なり、売上・利益にきちんと貢献してくれる人を求めているのであり、その真価は入社後の働きによって明らかになります。面接は、それだけの実力や意欲、可能性があるかどうかを見極めるための手段でしかありません。

・人生で何を実現したいのか？
・どんなスキルを身につけたいのか？
・どういう生活を送りたいのか？

などが明確になってこそ、やるべきことが見えてくるのです。

▼あえて最終日を迎える自分をイメージしてみる

入社時のスタートダッシュやキャリアアップという観点でいうと、私がとくに重要視しているのは、**「そこで迎える最終日のイメージを持つ」**ことです。

新しい会社に入ったり別の部署に異動したりするとき、「そこを去る日のこと」をあえて考えてみてください。そうして想像上の上司や同僚から感謝の言葉を伝えられている理想のシーンを想像してみるのです。

ここで重要なのは、**「最終日に自分がどう言われたら幸せか？」**ということです。それを考えておけば、自分がその会社でどういうことを期待しているのか、何をしたいのかが明確になります。自己啓発本などでも「自分の葬式で言われたいことを考え、どうすればそう言ってもらえるのかアクションベースに落とし込みましょう」と書かれていますが、それと同じです。

ぜひ志望する会社での最終日を想像し、どう言われたいのかを考えてみてください。そうしてその**最終日をゴールとして、逆算する形で進んでいくイメージを持ちましょう。**

最終的には「自分ができること」と「やりたいこと」を踏まえ、「それをその会社で実現できるのか？」が肝になります。それを知るにはやはり業務理解が欠かせないのですが、次のようなフレームワークを活用するのもおすすめです。

つまり「**Will（やりたいこと）」「Can（できること）」「Need（求められていること）」の3つが重なるものを見つけ、それを理想のキャリアとして目指していく**ということです。ビジネスアイデアを創出するシーンでよく使われているフレームワークですが、就活でも活用できます。

大切なのは、やりたいことだけでなく、できることだけでもなく、志望業界や企業から求められていることも踏まえて考えることです。これは就活だけでなく、未来のキャリア形成においても重要な考え方となるため、ぜひ今のうちから身につけておきましょう。

【キャリアアップのための目的を明確にしよう】

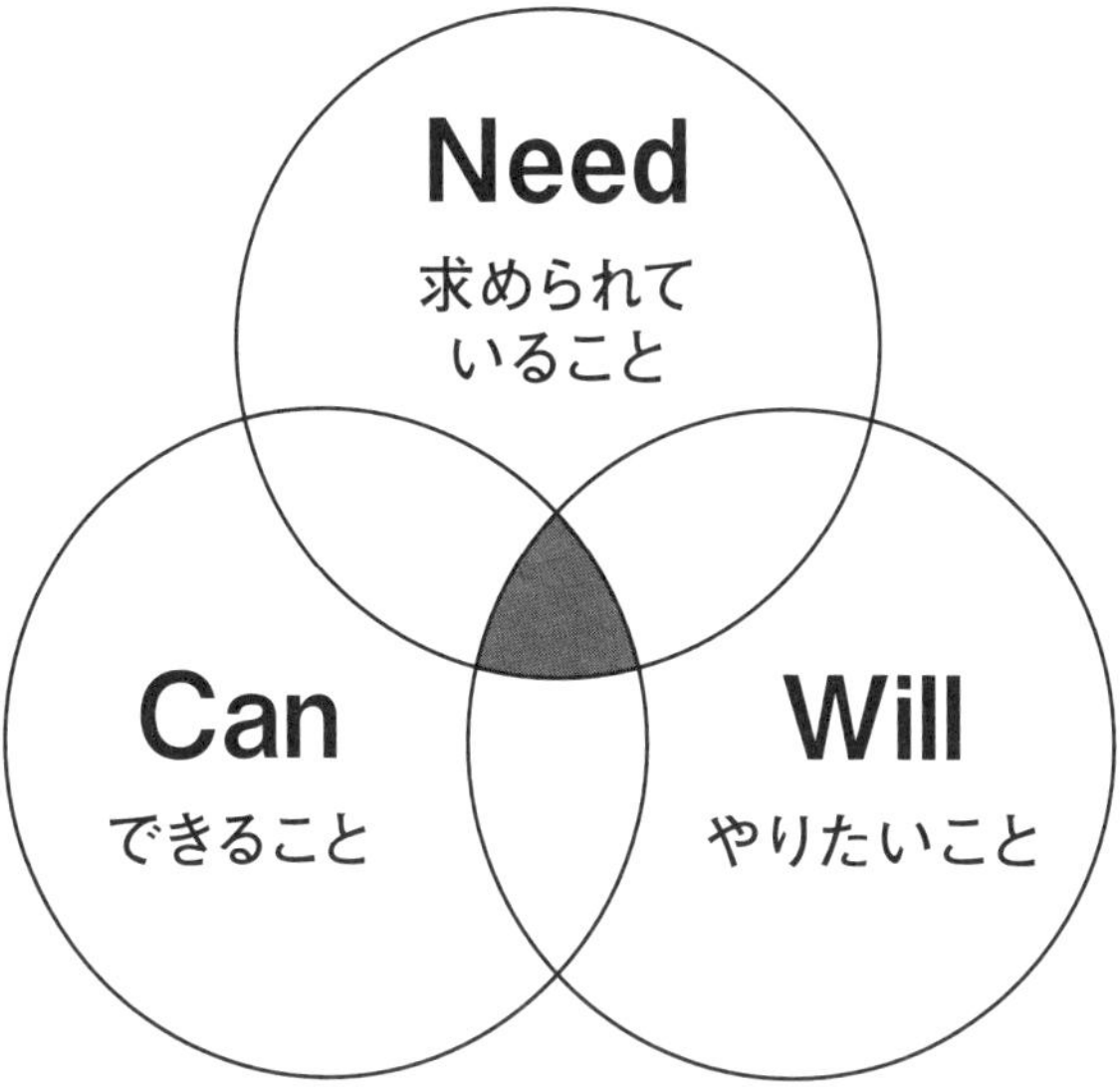

「Will」「Can」「Need」の3つが重なる部分が
あなたにとっての【目的】になります。

第3章

選ばれる人になるための成功術

企業にとって必要な人材か、自分にとって必要な企業なのか

▼相手のことを考えることからスタートする

企業にとって必要な人材とは、**会社の売上や利益に貢献できる人**です。そのことを念頭に置いてアピールする姿勢があるかどうかを面接官は見ています。本書でも繰り返し述べてきたことですが、その前提を必ず持っておくようにしてください。

そのうえで、面接官の思考を知ることが大切です。私自身がかつて就活生として面接を受けてきたこと、そして4つの企業の面接官として採用の経験をしてきたことを踏まえると、やはり**企業・面接官側が何を考え、どう判断しているのかを理解することが結果を出すための近道**になることは間違いありません。

まずはそこからスタートすること。焦って想定面接質問集に取り組んだり、無闇に会社説明会に通ったりするのではなく、「面接官は何を考えているのか?」「企業はどんな基準で採用しているのか?」などを立ち止まって検討することに普遍的な重要性があります。

就活を「ゲーム」に例えると、つくり手(採用基準を設けている企業)がいて、そして合否を判断する相手(面接官)をいかに攻略するのかがこのゲームのポイントです。テレビゲームやスマホゲームと同じように、攻略法を知っておくことがクリアの鍵となります。

総合商社やコンサルティングファームで面接官の経験が豊富な私の先輩は、就活を「究極のアウェイゲーム」と例えていました。私自身の経験を踏まえても、非常に的を射た表現だと思います。

それにもかかわらず、相手のことを知ろうとせずに「自分にはどんな仕事が向いているかな?」「自分はどんな企業に入社するべきかな?」などと、自分のことばかり考えていてもうまくいきません。

友人関係や恋愛でもそうですが、自分のことばかり考えて行動している人は、周囲からも疎まれてしまいます。相手のことを考えず、「自分はこうしたい」「自分を認めてほしい」という人は、企業からも面接官からもなかなか評価はされません。

「企業にとって必要な人材はどんな人か？」をじっくり検討できるかどうか。それによって面接の結果は大きく変わるでしょう。「選ばれたい！」と思うのは普通の感情ですが、相手のことを考えて攻略することではじめて、自分から選択できるようになるのです。

内定はゴールではありませんが、少なくとも、数多くの内定を得ている人は入社する企業を選べます。そしてそれは、「自分探しをする」「有名企業に入る」などによって自己肯定感を得ようとすることではなく、**相手を知って適切に行動することで可能となります**。

この点はどれだけ強調してもしきれません。なぜなら毎年、就活や転職のシーンで同じ落とし穴にハマっている人が後を絶たないからです。そしてそれは入社前だけでなく、入社後のキャリア形成にもかかる重要な要素だからです。

本章でもまずは、その前提を共有しておきたいと思います。

「やりたいこと」と「やるべきこと」を見極めよう

▼ひとりよがりになっていないか?

前章でも「Ｗｉｌｌ・Ｃａｎ・Ｎｅｅｄ」の話を紹介しましたが、「やりたいこと」と「やるべきこと」は異なります。自己肯定感が高すぎる人に多いのですが、「自分はこれができます!」と主張してばかりいる人は、「できる」というよりただ「やりたい」からそう言っているケースが多いです。

でも、よくよく考えてみると、本当にそれが「できる」かどうかはわかりません。実際の仕事を知ってはじめて「思っていたのとは違った……」ということはよくあります。そのギャップに圧倒され、早期に会社を去ってしまう人も決して少なくないのです。

よくあるのは、なんの根拠もなく「私はマーケティングの仕事がしたいです！」「新しい企画を提案していきたいです」などと言っている人です。意欲はあるのかもしれませんが、面接官としては「マーケティング仕事がどんなものなのかちゃんと理解していますか？」と疑問に思ってしまいます。

業務理解と再現性は、就活において非常に重要です。自分は「できる」と思っていても、面接官が「この人にはできそうにない」と思ってしまうのは、**そこに再現性がないからです**。たまたまうまくいったエピソードを持ってきても説得力がありません。

一方で再現性がある人は、成功した事例でも**自分なりの理論やパターンを持っており、つまり「方程式」として習得していることをアピールできる**のです。そこまで伝えられてこその再現性であり、面接官を納得させられるトークとなります。つまり誰が聞いても納得させられる状態です。

面接官はそこに再現性があるかどうかを見抜きます。同じ「できる」に関しても、ただやりたいだけなのか、あるいは本当にできるのか、できるように成長する資質があるのかを話の中で読み取り、その人がひとりよがりになっていないか、本当にできるかどうかを推し量るべくチェックしているのです。
だから自分本位の人は、いくら言葉巧みに話しても落ちてしまいます。

▼「思い込み」から逃れるために

就活においては、「やりたいこと」だけにとらわれるのは危険です。先程の「マーケティングの仕事がしたいです」というのはまさにその典型で、希望したいのはわかるのですが、企業側としてはそれで採用したいとは思えません。なぜでしょうか。

それは就職した後のことを考えてみればわかります。即戦力の中途採用でない限り、多くの人が総合職や一般職という形で入社します。その後、営業に配属されるのか経理に配属されるのか、はたまたマーケティング部署に配属されるのかはわかりませんが、決めるのは会社です（※職種別採用の企業は除く）。

最初から希望する部署に配属される確率は高くありません。とくに1年目はそうです。だから「絶対にこれをしたい！」「この部署で働きたい！」というのは、より柔軟なキャリアプランを描いている人よりも採用しにくいと感じてしまうのです。

やりたいことへの思いが強すぎると、「それができなかったときにこの人は会社を辞めてしまうのではないか？」といった不安が過《よぎ》ります。それは会社にとってリスキーなことです。すぐに辞めなかったとしても、長く続かない可能性を懸念させてしまうのは印象としてマイナスになります。

だからこそ**ベクトルは、常に会社への貢献や活躍することに置くべき**なのです。その発想がある人はどの部署に配属されてもスピーディーに成長できます。望むキャリアプランがあるにしても、いろいろな経験をしたうえでそこにたどり着けばいいと自然に考えられるからです。

自分がやりたいこと、自分が望むキャリアプランを実現するには、結果を出さなければなりません。結果を出す過程で十分に成長し、貢献と活躍を実現していれば、自ずと望むキャリアは勝ち取れます。だから内定も入社もゴールではなくスタートなのです。

また、自分が考えるやりたいことや理想のキャリアプランには、なんらかのギャップがあることも多いです。実際に経験してみて「思っていたのと違った」ということは多いのですが、自分の考えに固執すればするほどそのギャップが耐え難くなるでしょう。

・自分がやりたいと考えていることに思い込みはないか？
・理想とするキャリアプランを実現する道はいろいろあるのではないか？
・強みを発揮できる部署や職種は検討しているところ以外にあるのではないか？

などと柔軟に構えていると、無理に決め打ちをすることもなくなります。

今でこそテレビに引っ張りだこの林修先生も、かつては日本長期信用銀行を5か月で退職したり、起業に失敗したりなど、紆余曲折を経て予備校講師になっています。そこでの活躍を通じて「いつやるか？　今でしょ！」などの流行語を生み、現在では誰もが知る人気タレントになりました。

もし彼が、特定の仕事に固執し続けていたとしたら、現在のようにはなっていないでしょう。「自分はこれがしたい」という気持ちはあったとしても、その縛りが自分の可能性を狭めている可能性も踏まえ、他者の選択肢にも目を向けることが大切です。

私自身もかつては学校の先生になりたいと考えており、大学は教育学部に進学しました。

「人の人生に寄り添って影響を与えられる」という意味で意義深い仕事だと思っていたためです。ただ、就活を進める中で「学校以外にも広い世界があり、人の人生に影響を与えるような仕事がある」「民間企業であれば関わるのは生徒だけでなく、より多くの人にも影響を与えられる」という考えになりました。

ですので、新卒だけでなく転職する人も、これまでの職種や経験にとらわれすぎないようにしてください。やはり土台にあるべきなのは、志望する会社での貢献であり、活躍なのです。

「グループディスカッション」でどうアピールする?

▼グループディスカッションのメンバーは「敵」ではない

グループディスカッションにおいては、個人面接とは異なる対応が必要です。個人面接では、質問された内容に対して自分の意見を述べればいいのですが、グループディスカッションでは「チームで考えてください」というお題を出されるためです。

ポイントは、みんなで考えて1つの答えを導き出すこと。それがグループディスカッションの基本です。似たものに「グループ面接」がありますが、これは個人面接の集団バージョンなので、むしろ通常の面接対策と同じ発想で取り組む必要があります。

では、グループディスカッションではどのようにアピールすればいいのでしょうか。

前提として、グループディスカッションでは明確な「お題」が与えられます。その回答をチームでつくる必要があるため、**「チーム全員で良いアウトプットをつくろう！」というマインドを持つ必要があります**。これがある人とない人とでは、グループディスカッションでの行動が大きく変わります。

例えば「チームメンバーの中で1番目立ってやろう」「競争に勝ち抜いてやろう」というマインドを持っている人は、自分がいかに優れているのかをアピールすることに終始するでしょう。いわゆるクラッシャー（グループの和を乱し議論の進行を妨げる人）はまさにこのマインドです。

つまりその人にとっては、チームの中で自分が最も優秀な人物であると面接官に伝えることが、グループディスカッションの目的になっているのです。だから人に話を振らずに、「これが正解だよね」「それは違うでしょう」などと、メンバーを論破しようとします。そうして落とされてから、「なんで自分が落ちるんだ」と思うわけです。

このようなマインドの人は、「グループディスカッションのメンバー全員が受かるなんてあり得ない」という勝手な思い込みがあります。思い込みからくる謎のルールを軸に行動し、結局は評価されないわけです。

一方で、日系・外資系大手4つの会社で面接官を務めた経験のある私からすると、チーム全員を合格にしてもまったく問題ないと考えています。面接のガイドラインにも「グループディスカッションで全員を通過させてはダメ」という表記を見たことがありません。それぞれが自分の役割に徹し、自分なりのやり方でチームに貢献し、良いチームとなって適切なプロセスで回答を導き出せているのなら、全員通します。

したがって、**グループディスカッションにおいては、チームの中で競争しないようにしてください**。チームのメンバーは「敵」ではなく、味方です。それぞれの経験やスキル、強みを生かして話し合いを円滑に進め、みんなで良いアウトプットをするのが目的です。むしろ、言い方は悪いですが**チームで良い結果を出すために「使えるものは全部使い倒す」という気持ちでいたほうが良いといえます**。

そうしたチーム全員で良いアウトプットをつくろうとする意識があるかどうか。面接官はその点を見ようとしているのです。スタンスは「同じ会社に入社した同僚とチームで初めて仕事をしている」と思うことがおすすめです。

▼自分の役割を徹底して組織に貢献できるか

・中長期的に売上や利益に貢献できるか？
・ウチに合っているか？（ウチで長く働いてくれるか？）
・会社が求めている必要な能力を備えているか？（活躍理由）

などが見られるのは個人面接もグループディスカッションも同じですが、仕事のほとんどは、他のメンバーとインタラクティブに行われます。つまり**組織でより良いアウトプットを生み出せる人が貢献できる人・活躍できる人**なのであり、それはどの会社でも変わりません。

この点を理解しておかないと、「グループディスカッションではファシリテーターをしたほうがいい」などの誤解をすることになってしまいます。でも実際は、ファシリテーターだけでなくタイムキーパーや書記など役割はさまざまですし、役割によって通過率に差をつけるわけではありません。

「この役割をすればいい」と考えるのは浅はかです。会社の中でも、営業のようにお客さまと接する人もいれば、経理のように社内の裏方として活動する人もいますよね。どちらが優れているということはなく、相互の連携によって組織が成り立っています。

面接だけでなく就活全般に言えることですが、「こうすれば内定が取れる」のように、短絡的な視点で本来の目的を忘れないようにしてください。マニュアル通りに行動するのではなく、本質をつかみ、何が求められているのかを常に頭の片隅に置いておくのです。

これは社会人になってからも必要な姿勢です。「売上を増やす」というお題があった場合に、「Ｉｎｓｔａｇｒａｍで広告を打ちましょう」「ＳＮＳのインフルエンサーを使いましょう」など、わかりやすい手法から考えはじめる人は考えが深まっていません。「売上を増やす」ことについても、「顧客数を増やす」「客単価を上げる」「リピート率を上げる」など、どこにアプローチするのかによって方法も効果も変わります。表面的な手法に頼るのではなく、求められている事柄を分析し、じっくり考えることが求められます。

▼グループディスカッションのテクニック

グループディスカッションで面接官が見ていることは、大きく2つあります。**戦略的思考とリーダーシップ**です。前者は「自ら問題を発見し、論理的に分析し、問題解決に導く能力」で、後者は「組織の目標達成や向上のために周囲の行動を変える力」のことです。

戦略的思考では、前提とする目的に対し、その目的を達成するための課題を考え、その課題を解決するための案を検討するという順番で考えてみましょう。ビジネスには決まった答えがないので、自分で問いをつくり、解決する方法を考えることが大切です。

ちなみに先程の例の「売上を増やす」という課題があった場合に、「Ｉｎｓｔａｇｒａｍで広告を打ちましょう」「ＳＮＳのインフルエンサーを使いましょう」など、わかりやすい手法から話をはじめる人は戦略的思考がまったくない人で「戦術的思考／ＨＯＷ思考」の人です。**いきなり戦術（ＨＯＷ）の話から入るのではなく、目的→目標→戦略→戦術の順番で大きいところから考えていくようにしましょう**。この順番で考えられる人のことを

「戦略的思考がある」と判断します。

一方でリーダーシップについては、チームの目標を達成するための行動が重要です。例えばみんなが間違った方向に議論をしているとき、「目的から逸れていませんか？」や「戦術の話よりも、まず戦略の話をしませんか？」とメンバーに促し、軌道修正するのも立派なリーダーシップとなります。

そのうえで、グループディスカッションで意識したい次の6つのポイントを確認しておきましょう。

1．最初が大事
2．お題の目的を絶対に忘れるな
3．全員が一方向に議論しているときはチャンス
4．自分の役割を見つける
5．グループ内を活性化させる
6．正解はないので賢い人を恐れない

1・最初が大事

最初にグループが集まる瞬間のことです。グループディスカッションの本番がはじまる前になんでも良いから最初に何か話すこと。本番でお題が難しいと、中盤までまったく言葉を発せない状況が発生することもあります。最初に話をしておくことで、グループディスカッションがはじまってからも自然と会話に入りやすくなりますので、最初の瞬間を逃さないようにしてください。

2・お題の目的を絶対に忘れるな

議論が進むうちに、そもそも何について話しているのかを忘れ、枝葉の部分、打ち手の話ばかりしてしまう傾向が見られます。円滑に議論できていると思うときこそ、「そもそも何について話をしているんだっけ?」と目的に立ち返ることが重要です。先の目的↓目標↓戦略↓戦術を頭に叩き込み、抜けている議論がないか、急に飛んだ項目がないか（戦略の話をしていたのに、戦術の話になったなど）を意識しておくと良いでしょう。

3・全員が一方向に議論しているときはチャンス

みんなが自分たちのアイデアがもっともらしいと思っているときは、わかりやすい打ち手の話（HOW）に終始している可能性があります。お題を忘れないことと同様に、全員が同じ方向で議論しているときこそ、状況を修正する／リーダーシップを発揮するチャンスだと考えるようにしましょう。

4・自分の役割を見つける

チームの中で、自分なりに貢献できそうな役割を見つけましょう。大事なのは成果につながる役割をすること。例えばタイムマネジメントをするのであれば最適なアウトプットを行うためのタイムスケジュールを提案して時間管理をするなど、成果につながる役割を実践しましょう。必ずしも、書記やファシリテーターといった表面上の役割にとらわれる必要はありません。チームに意見を求めて、活発な議論を生み出すという役割が欠けているのなら、そこを担うのも立派な貢献です。

5・グループ内を活性化させる

議論に入れていない人がいたら、議論が行き詰まっているときなどにあえてその人に話を振ってみましょう。「〇〇さんはどう思いますか?」と尋ねた後は、その人の意見を取り入れて、議論に付け加えてください。こうすることで人を生かし、得られた意見をアウトプットにつなげられる=周囲の人と協力しながら仕事を進められるという印象を与えることができます。

6・正解はないので賢い人を恐れない

これは精神論ですが、周りが東大や京大の人だとそれだけで萎縮してしまうものです。昨今は大学名を伝えないようにするグループディスカッションもありますが、もし自分よりも高学歴と言われる人たちに囲まれても、気にしないようにしましょう。

学歴で就活が決まるなら、東大生ならどこでも採用されるということになるはずですが、現実は違います。そもそもグループディスカッションに正解は存在しませんし、学歴も関係ありません。賢さを競うレースではないので、自由に自分ができるやり方で貢献できることを表現してください。

「なぜ？」と思う人材が選ばれる理由

▼受け手側と採用側のギャップ

グループディスカッションなどの場面では、おとなしく、控えめに見える人よりも自分の意見をドンドン述べていく、明るく積極的な人のほうが有利だと思うかもしれませんが、必ずしもそうとは限りません。

理由は単純で、「受け手側と採用側では視点が違うから」です。

グループディスカッションにまつわる誤解として、「賢い人が受かる」「優秀な人が受かる」と勘違いしている人は多いです。ただ、「賢さ」や「優秀」の定義は人それぞれなので、自分がそう感じない人が受かると不思議に思うわけです。

そのような人ほど、受け手側の視点しか持っていません。就活生から見る「賢い人」「優秀な人」と、採用側が見るそれらは必ずしも一致しないのです。むしろ、組織への貢献に加え、その**会社が求めている人材の資質やカルチャーマッチによって合否が分かれるケースも多いでしょう**。

企業は必ずしも「優秀な人」が欲しいのではなく、組織の中で活躍できる人、その会社に貢献できる資質がある人を選ぼうとしています。例えばオーナーシップを最重視している企業であれば、それがあるかどうかで大きく結果も左右されます。

また、完璧を求めすぎるのも問題です。仮に採用で重視している六角形のパラメーターがあったとして、そのすべてを100％満たす人だけが内定できるわけではありません。むしろ多くの会社は、そのうちの2つや3つが飛び抜けていれば、他の要素が現時点で合格点でなくても採用したいと考えています。繰り返しになりますが、重要なのはその会社が求めているものが何かです。その点を踏まえ、きちんとアピールできれば、他の要素が合格点でなくても採用されます。**弱みを補える強みがあれば、むしろその点が評価されるのです**。弱みはあくまで現時点のものであり、将来変わっていく可能性が十分にあると採用担当・面接官は考えています。そのため、**弱みがTrainable（訓練可能）と思われる内容であれば、強みが評価され採用されるのが実態です。**

▼控えめでも評価される人の特徴

私も過去、ビールメーカーでグループディスカッションの面接官をしていたことがあります。そのとき、必死にたくさん喋ろうとする人たちの中で、彼らの半分ほどしか喋らなかった女性がいました。結論から言うと、通過したのはその人だけでした。つまり、たくさん発言したほうが評価されるわけではなく、主張が強いからといって通るわけでもないのです。では、なぜその人だけが通過できたのでしょうか？

私がとくに評価した点は、リーダーシップでした。

彼女以外は自分でどんどん話を進めて「これがいいよね」「これでいこう」といった感じで、アイデアベースで話をしていたのですが、彼女は周りの人の意見を聞き、それらを束ね、チームの進む道筋をしっかり立てていたのです。周囲の人にはアイデア・議論を発散させつつ、最終的に1つ1つの意見を生かしながら収束していくイメージです。全体をコントロールしながら、チームとしての良いアウトプットに仕上げようとしている点が評価ポイントです。そのように、一般的に控えめに見えてしまうような行動でも評価され、通過することもできるのです。

・他の人より目立ちたい！
・他人を蹴落として這い上がりたい！
・賢い自分を誇示したい！

などの態度や発言が多い中、控えめでも、発言が少なくても、**きちんと自分の強みを生かして役割を果たし、チームに貢献している人／チームに貢献しようとしている人は、面接官の目にも留まります**。

やはり大事なのはスタンスです。チームや組織として結果を出そうとしている人は、あらゆる会社が求めている人材なのです。

組織の中で輝く方法。自分の「弱み」も武器にしよう

▼自分なりの貢献ポイントを探してみる

グループディスカッションだけでなく、個人面接でも「リーダーシップ」は重視される項目です。ここでいうリーダーシップは、必ずしもリーダーの役割に就いていることが必要なわけではありません。大切なのは、自分の強みや性格を理解し、チームや組織に対して自分に何ができるのかを把握していることです。

学生の中には「これまで自分はリーダー経験がなく、人の前に立ったことがない……」と嘆く人もいますが、悲観的になる必要はありません。アピールするものがないと思うの

ではなく、自分なりに見つけようとすることが大切です。それは、あなた自身が組織の中で輝く方法を考えることに他なりません。アピールポイントは千差万別。リーダーとして輝く人もいれば、メンバーとして周囲をサポートしながら輝く人もいます。重要なのは、「華やかな役職」にとらわれないこと。わかりやすいリーダーでなくても組織の中で輝く方法やリーダーシップを発揮・訴求する方法はたくさんあるのだと理解するようにしてください。

▼組織の中でどんな役割を担ってきたのか?

具体例を紹介しましょう。過去に、伊藤忠商事に内定した方に就活アドバイスをしたときのことです。その方は体育会系部活のマネージャーだったのですが、キャプテンやエースとして活躍していたわけではなく、むしろ彼らを支える存在でした。それでもこの方は、複数の会社から「リーダーシップ」を高く評価されました。

その方は、それまであまり強いチームと練習できていなかったので、OBの人に協力してもらったり、遠征費を調達して他の大学と練習試合などを組めるように工夫したりなど、チームが強くなるために自分なりにできることを見つけ、努力を重ねていきました。その結果、チームは強くなり、目標を達成できたというエピソードです。

プレーの中でチームを率先して引っ張っていくというよりは、裏方として支える形で、組織の中で重要な役割を果たしています。大切なのはチームに貢献すること。それをきちんと理解していたのだと思います。

面接でアピールするべき点もまさにそこです。その会社に貢献し、活躍できる人材が求められているのですから、目立つ役職・役割やすごいエピソードでなくても、自分なりにチームで貢献できたことをわかりやすく伝えれば良いのです。そこに説得力があれば、どんな役割でもちゃんと評価されます。

自分なりのやり方、自分なりの強み、自分の性格に合わせたチームへの貢献。それがどんなエピソードだったのかをちゃんと見つけ、エピソードとして組み立てることで、「この人はウチの会社でも活躍してくれるだろう」と思ってもらうことが大切です。

ちなみに、役職はほとんど関係ないと思ってください。キャプテンやリーダーをしていたから採用される／リーダーシップがあると評価されるということはありません。繰り返しになりますが、どのようにしてチームに貢献したかがポイントです。

アルバイトにしても、自分なりに貢献しようと考えていた人の行動と、ただ時給が稼げればいいやと考えていた人の行動では、組織への貢献度が変わってくるはずです。

自分はどのようなマインドで具体的にどんな活動をしてきたのかをアピールするようにしましょう。

中には「自分はチームに貢献したことがない」という人もいるかもしれませんが、時間があるなら今からでもそのようなマインドでなんらかの活動をしてみてください。


ここで、サントリーに内定した方の例を紹介しましょう。

その方は学生時代スターバックスで働いていました。バイト先ではなんの役職にも就いておらず、就活当初は「面接で語れることがありません……」と悩んでいました。しかし、よくよく話を聞いてみると、ちゃんとチームに貢献していました。

その方は絵を描くのが得意だったので、ポップや看板にイラストを描いて、それを見た周囲のスタッフから「これいいね！」「私にも描き方教えて！」などと言われるようになったそうです。そこから店内のオリジナルポップを次々作成し、さらにバイト先の他のメンバーも作成できるように社内の勉強会も実施。結果として、新商品の売上で他店舗と比べても上位を獲得したというエピソードでした。

これも立派な組織への貢献でリーダーシップを発揮したといえます。「私はアルバイトしかしてこなかった」と考えていては思いつかないかもしれませんが、「アルバイトの中で自分なりのやり方でどう組織に貢献できただろう?」と思考を転換させることで、しっかりとしたアピールポイントが見つかったのです。

必ずしも最初から組織への貢献を意識していなくても、結果的にそうなっていたエピソードを抜き出し、きちんと話せるようにすれば、面接官から評価されやすくなります。

個人というよりは、集団の中での貢献をピックアップするのがポイントになります。

定性よりも定量がモノをいう

▼数字はビジネスの共通言語

面接における伝え方のコツとして、ＥＳのコツでもお伝えした**「定性より定量でアピールする」**というテクニックが有効です。自分の感覚で話すのではなく、具体的な数字などを用いて表現するということです。これは社会人としての基本でもあります。

とくに学生のうちは、ふわっとした伝え方をしてしまう人が多いです。数字で客観的に表現するよりは、自分の感覚、つまり主観的に伝えようとしてしまいます。しかし、それでは面接で説得力のあるアピールはできません。

社会人として活躍している人ほど、定量で語ることが習慣になっています。

「売上がめっちゃ上がりました！」と言うよりも（こんな伝え方をしたら上司に怒られますが）、「先月の売上が前年同月比20％増の3億円になりました！」と伝えるほうがより具体的になります。こうしたスキルは、社内でも社外でも使える非常に重要なものです。数字はビジネスにおける共通言語といっても過言ではありません。

そのためのポイントが、「定性よりも定量で語る」ということなのです。

定量で語るためには、普段からそのことを意識しておく必要があります。**定量で語る癖を早い段階から身につけておけば、面接で効果的に自分をアピールできるだけでなく、社会人になってからも大いに活躍することができるでしょう。**

例えばメーカーで商品開発をする場合。「今、若い人の間で◯◯が流行しているから」という理由だけでは情報として不十分です。

・市場成長率

・市場規模

・競合他社の状況（競争がどのくらい加熱しているのか）

・売上目標（前述した3点を踏まえたポテンシャル）

などを具体的な数字として明らかにし、採算が取れると判断したうえで企画に落とし込む必要があります。「流行している」「ブームがきている」のように感覚的に捉えるのではなく、定量で把握することで「勝算はあるか？」「どのくらいの売上・利益が期待できるか？」「コストはいくらかけられるか？」が明確になります。

ちなみに私が所属しているGAFAMの1社の社内では、**数字にできるものはすべて数字で語るという暗黙のルールがあります**。当然、同社の中途採用においても、定量的に話せないビジネスパーソンは評価されず、高確率でお見送りとなります。入口の段階で落とされてしまいます。

人を採用すること自体、企業としても大きな出費で、それこそ数億円規模の投資です。その中で「御社をめっちゃ儲けさせます！」と言う人と、「御社の利益を毎年1％増やします。その根拠は……」と話す人とでは、どちらがより信頼できるかは一目瞭然です。「自分の中では」「自分の感覚としては」などの**主観的で定性的な情報ではなく、数字で客観的に表現する定量で話せる**ように、今から癖づけしておきましょう。

求められるのは個人の才能か？　チームプレーか？

▼求めている人材の優先順位

私の経験から間違いなく言えることですが、企業には、**その会社特有の「採用の優先順位」があります**。面接に臨む際には、そのことを理解する必要があります。OB・OG訪問をはじめとする業務理解を深めることで、具体的な内容も見えてくるでしょう。

その前提があるうえで、**どの会社でも重視されるのはやはり「チームでも個人でも活躍できる人」です**。次に求められるのが「チームの中で活躍できる人」、3番目に求められるのが「個人として活躍できる人」です。もちろん企業や職種によって若干の違いはあるかもしれませんが、組織である以上、この順番で考えておけばまず間違いないでしょう。

【企業が求める人材】

1．チームでも個人でも活躍できる人

2．チームの中で活躍できる人

3．個人として活躍できる人

私自身は体育会系にいたこともあり、「みんなのことを考えてチームで結果を出してきました」「チームプレーで活躍できます」などをアピールしつつも、「個人としても活躍できる」という点も意識的に強調していました。

つまり、チームでも個人でも活躍できる点を強調していたのです。優先順位で言う1番目のところですね。**チームだけでもなく、個人だけでもなく、その両方を主張できるようになれば与えられる印象もグッと良くなります**。加えて、チームの中で活躍できることだけを話す人（2）、個人として活躍できることだけを話す人（3）と差別化を図ることができるのもポイントです。

テクニックとしては、ガクチカにチームの中で活躍できるエピソードを持ってきて、自己PRで個人としても結果を出せることをアピールするなどの方法があります（ガクチカのサブエピソードでアピールすることも可）。2つのポイントを効果的に伝えるために、戦略的な組み立てをするのです。

いろいろな企業から評価され、内定をたくさん取れる人ほどそうした思考を持っています。チームでも個人でも活躍できるポジショニングを踏まえ、面接に臨んでいるわけです。

▼チームに貢献できることをアピールする

会社に入社した後のことを考えてみてください。最初のうちはプレイヤーとして活躍するのが普通ですが、後輩ができたり部下を与えられたりなど、いずれマネージャーの立場に就く人もいます。

つまり「プレイヤー→マネージャー」という流れが組織では一般的であり、長い目で見ると、個人でもチームでも活躍できる人がどうしても求められるのです。課長や部長など、役職は異なっていたとしても、結局はどの組織も同じです。

そうした基準をもとに、プレイヤーとしても活躍でき、将来はマネージャーとしてチームで成果を出せる人を、面接官が評価するのは当然ですよね。「この人は組織で活躍するのがどういうことか、ちゃんとわかっている」と思わせることが大切です。

個人のエピソードとチームでのエピソードは分けて考えておくのがベストです。例えば「野球部のときに骨折したエピソード」を持ってくる場合も、

・筋力トレーニングに時間を割いて下半身を強化し、治療後に結果を残すことができた（個人の成果）。

・プレーができない間、外から見たチームの課題に対して自分なりに戦略を立て、よりチームの勝利に貢献できるようなサポートに力を尽くした（チームへの貢献）。

など、どちらの話にも結びつけることはできると思いますが、どちらかに決めておくことで与える印象を混同させずに済みます。**1つのエピソードで、チームでも個人でも活躍できることをアピールしようとすると無理が出やすいので注意してください。**

ここでのポイントは視点を変えると、同じエピソードでも、工夫次第でチームの観点からも個人の観点からも語れるということです。ただ「野球部でピッチャーをしていました」

ではアピールにならず、そのエピソードがチームへの貢献なのか個人での活躍なのかを踏まえて組み立てると、より効果的なネタになります。

大切なのは切り口であり、戦略的に伝えられるように工夫することです。

スポーツ選手のインタビューをイメージしてみるとわかりやすいかもしれません。

例えば大谷翔平選手は、どんなインタビューでも「チームが勝つために」「チームが結果を残せるように」と言っています。類まれな成績を残していても、個人の結果を強調することはありません。自分がチームのために何をすれば良いのかを考えていたら、個人としてあれほどの選手になってしまったというのです。もちろんそれが事実であると思いますが、一方で、そうした考え方が土台にあることで監督やチームメイトはもちろん、応援してくれるファンや観衆をも味方につけ、実力を伸ばし続けている側面もあるでしょう。

他方で、「自分がいればいい」「自分が活躍すればいい」と考えてばかりいる選手は、長く活躍できずで、いずれ限界が訪れます。野球のようなチームスポーツであれば当然です。

面接においても、「これから一緒に働く人」「同じチームで結果を出していく人」を選定している以上、大谷選手と同じような発想で臨む必要があります。**チームの中で活躍できる根拠と個人として活躍できる根拠のバランスを意識して就活・面接に臨みましょう。**

物事を俯瞰で捉えるための考え方

▼「一問一答」から脱するために

就活生の多くは、目先の視点で面接に臨んでしまっています。「内定を得るため」というのはその最たるものでしょう。よくよく考えてみればそこがゴールではないとわかるはずですが、そうした姿勢で取り組んでしまうのは、思考が短慮になっているためです。

想定面接質問集を暗記する人も同様です。内定を得られれば良いという発想は、テストに合格しさえすれば良いと考えている学生と同じで、視野が狭く、近道をしようとしてむしろ間違った行動へと至ってしまっています。

そこに間違いの根本があります。

「内定を得ること」にフォーカスすればするほど、本来的には必要ないこと、無駄なこと、さらにはすべきではないことに時間と労力をかけてしまい、予想に反して落ち続けることになるのです。

対策としては、私自身の経験を踏まえるとやはり**「俯瞰する」ことが重要です。**視野を広げて、内定を得た先や入社した先のことを考えてみるのです。実現したいこと、活躍したい内容にまで思いを馳せると、

・その会社で活躍しているのはどんな人か？
・どんな強みを持っている人が活躍できるのか？
・どんな経験を積んでおくべきなのか？

などを理解する必要があるとわかりますし、面接でどんなことをアピールすれば良いのか、自分をどう見せればいいのか、などについても考えられるようになります。それは、想定面接質問集にいくら取り組んでも身につかない姿勢です。

内定を取ることがすべてではなく、その先にある**組織での活躍からキャリアアップまで、視野を広げていけば姿勢も変わります**。目先のことだけでなく、長いスパンで考え、全体を見通そうとすれば、自然と俯瞰できるようになるでしょう。

全体を理解している人は、何が重要で、何をするべきなのかがわかります。だから限られた時間と労力を最適化し、最も求められている成果へと向けられるわけです。

一方で、目の前のことにとらわれていると、ひたすら忙しくしているのにもかかわらず結果が伴わない恐れがあるのです。

このような状況を表す参考例としてよく紹介されるのが「レンガ職人」の話です。3人のレンガ職人がいて、彼らに「何をしているのか」と聞いたとき、「レンガ積みだよ。つまらない仕事さ」と答える人には目的意識がありません。他方で「レンガを積んだらお金が稼げるんだ」と言う人は、お金のためにその仕事をしています。

そして、最後のひとりは「歴史に残る偉大な建物をつくっているんだ」と答えます。この人は、自分が携わっている仕事の全体像を理解し、プライドを持ってレンガ積みをしています。だからやりがいも感じられ、他の職人よりも良い仕事ができるのです。

就活も同じです。**面接での受け答えを1つ1つ単体で捉えるのではなく、面接全体、あるいは就活全体、そして就活した後の社会人生活全体を含めて、総合的に考えるようにしてください**。面接は、決して些末な〝部分〟ではないのです。

まずはそうした意識づけをしつつ、一問一答から脱すること。想定面接質問集に頼ることなく、もっと広く大きな視野で、就活を俯瞰してください。その姿勢は、今後のキャリア形成にも大きく寄与します。

第4章

伝え方の極意

何を伝えるべきなのかを整理しよう

▼選ばれる人になるためのアピールポイント

面接で伝えるべきことは、相手の企業が求める人材の要素（その企業で貢献してくれる人、活躍してくれる人）を踏まえた、自分なりの強みやアピールポイントです。考え方の具体的な手順は、次の４ステップです。

ステップ１：事業・業務理解から「求められる人物像」を定義する。
ステップ２：そのうえで「自分が与えたい印象」を言語化する。
ステップ３：その印象を与えるために必要な「伝えるべき訴求点」をブレイクダウンす

る。

ステップ4：最後にそれらを「どの質問／設問で回答するか」を組み立てる。

不動産デベロッパーやビールメーカーを志望していた私のケースでは、第1章P64の図で考えると次のような内容になりました。

【求められる人物像（事業・業務理解から見える不動産デベロッパー・ビールメーカーで活躍できる／欲しい人材の仮説）】

前例のないことでも諦めず、自らを成長させ続け、周囲を巻き込むことで最終的に達成できる人材。

【与えたい印象】

向上心と逆境を乗り越える力で高い目標を達成することができ、リーダーシップも発揮できるため、チームとしても個人としても御社に貢献できるという印象。

【伝えるべき訴求点】

・目標達成力
・向上心
・逆境を乗り越える力
・リーダーシップ

【どの質問／設問で回答するか】

①目標達成力→自己ＰＲ（自己紹介で頭出し）
②向上心→自己ＰＲ（自己紹介で頭出し）
③逆境を乗り越える力→挫折経験・困難を乗り越えた経験
④リーダーシップ→ガクチカ（自己紹介で頭出し）

このように、ガクチカや自己ＰＲなどを単体で攻略しようとするのではなく、あくまでも**「求められる人物像を踏まえた、自分が与えたい印象・その印象を強く構築するための「伝えるべき訴求点」があり、その手段としてガクチカや自己ＰＲがある」と理解するこ**

とが大切です。

面接や就活自体もそうですが、それ自体を目的にしてしまうと、方向性を見誤る恐れがあります。

「内定ゴール」はまさにその典型です。

面接を攻略することが目的なのではなく、今後の長い社会人生活において理想的なキャリア形成をするための手段として面接があります。第1章P64の図は形式上では、「目標達成力」や「向上心」があることを伝えるために自己PRがあり、「逆境を乗り越える力」があることを伝えるために挫折経験があり、「リーダーシップ」があることを伝えるためにガクチカがあるように見えるかもしれません。しかし重要なのは、**それらがすべて戦略的につながり、一貫性があること**です。

相互に連携しているからこそ、「事業・業務理解」や「自分の強みと会社への貢献」などを確認しながら、「自分の強みは何か?」「それをどう伝えればいいのか?」をチェックしつつ前に進めるのであり、そうしたすり合わせによってキャリアの方向性が明確になります。

▼事前準備としての「戦略的なトークの組み立て」

4つのステップを通じて「求められる人物像」「自分が与えたい印象」「伝えるべき訴求点」「どの質問／設問で回答するか」を決めたら、面接でそれらを100％伝えきれる組み立て・準備をしましょう。

すべて伝えきることができれば、「自分＝企業が求める人材」になれるので、必然的に面接官から選ばれやすくなります。

反対にすべてを伝えきれない場合、「与えたい印象」が不十分になるリスクがあり、評価にも影響します。

そのような事態を避けるために、4つのステップや第1章P64の表をもとに、「事前に何を伝えきれば勝てるのか？」という戦略を立てるようにしてください。その戦略をOB・OG訪問で相談し、ブラッシュアップしていくことで、面接官からより選ばれやすい人材としてのアピールに近づきます。そのうえで、「限られた面接時間の中でどうすれば100％伝えきることができるのか？」という戦術を考え、実行するのです。

本番では、「どうしても時間が足りなくて伝えきれなかった」となる可能性があります。そうした状況を見越して、**面接官を誘導するテクニックを身につけておく**のも1つの方法です。伝えるべき訴求点を明確にしておけば誘導・面接官に深掘ってほしいところに話題を持っていくことは可能ですし、それによって軌道修正もしやすくなります。

例えば、「あえて抽象的に話す部分をつくる」などのテクニックがそうですが、具体的な内容は後述します。重要なのは、**事前にしっかり準備すること**と、それを踏まえた**練習の積み重ね**、さらには**本番での軌道修正**です。

面接で与えられた時間が30分とした場合、よくある失敗は「伝えるべき訴求点について1つしか話せなかった」というものです。

例えば、目標達成力、向上心、リーダーシップ、オーナーシップの4つを伝えるべき訴求点として事前に考えていたのに、30分の中でリーダーシップしかアピールできなかったというようなケースです。

これは準備不足が原因ですが、伝えるべき訴求点と「どの質問で回答するのか？」を組み合わせて時間配分をイメージしておきましょう。

こうすることで、面接中に「リーダーシップの話にかなり時間を使っているから、オーナーシップについて深掘りしてもらえるように誘導しよう！」と考えられるようになります。

また、「最後に何かありますか？」という一般的に逆質問として使うところをアピールの場として活用する方法もあります。

例えば、先程の工夫をして伝えるべき訴求点をなんとか2つまで伝えることができたとします。でも、残り2つは時間内にアピールすることができなかった。こういうときは、「私の○○について、面接の時間内では伝えきれなかったので1分でPRさせてください」というように活用すれば、伝えるべき訴求点を面接官に印象づけることが可能です。

重要なのは、「与えたい印象」を常に念頭に置き、それを構築するための「伝えるべき訴求点」を回答できるチャンスの中で100％出し切れるように集中することです。そう考えると、自己紹介や「最後に何かありますか？」といった他の就活生があまり注力しない質問にも「こだわるべき理由」が見えてくるはずです。

ちなみに私が学生に就活アドバイスをするときは、必ず先程の4つのステップを整理してもらいます。これを実践して人気・難関企業に内定した学生たちからは、「これまで自分がいかになんとなく質問に回答していたかがわかった」、「1つ1つの質問に対して、明確なゴールを軸にして戦略的に回答できるようになった」といったコメントをもらっています。誰でもマネできる再現性のある方法なので、ぜひ活用してください。

説得力がUPする「結論→理由→具体例」の法則

▼ビジネスパーソンの基本スキル

説得力を高める伝え方として、**「結論と理由をセットで話すこと」**が広く知られていると思います。

これは、面接時はもちろん、ビジネスパーソンとして活躍する際にも求められる重要なテクニックです。できている人とそうでない人とでは、話の伝わり方が大きく変わります。

前提として、社会人は基本的に忙しいです。時間に追われ、やるべきことがたくさんあります。そのような状況下で、どこに結論があるのかわからない話をされても困ります。

先に結論を述べて、その後に理由を伝えるという手順を守るべきです。

「結論ファースト」などのテクニックについて聞いたことがある人も多いのではないでしょうか。結論を述べてから理由を述べるというのは、普段の生活ではあまりないかもしれませんが、社会人には必須のスキルです。ぜひ面接で意識してください。

ただし、**理解していることと実践できることはイコールではありません**。就活生を見ていると、理解しているけれどできていないケースが多いように感じます。結論ファーストもそうで、使えるようになるには、準備をしつつ練習を繰り返すことが大切です。

つまりアウトプットが肝になります。

まず、「結論」というのは伝えたい内容のことになります。そして「理由」で、なぜその結論になるのかの根拠を簡潔に言い切りましょう。そのうえで具体例で内容を補足するのがコツです。「結論→理由→具体例」の流れです。

例えば「あなたの強みは何か？」という質問のときには、結論と理由を端的に答え、「例えば」や「具体的にお話しします」と言って、具体例を補強します。

結論：人一倍の向上心と目標達成力が強みです。

理由：この強みは10年以上続けているサッカーを通じて培いました。

具体例：例えば、部員150名超の高校サッカー部では、入部当初は1番下のチームである3軍に所属していました。創部初の全国大会出場という目標を達成するために、今日より明日、明日よりも明後日に成長する思いで練習に取り組みました。

具体的には、①課題を見つけるために毎日練習後にサッカーノートを書くこと、②課題を改善するために、誰よりもグランドに残って自主練習をすることを継続し、最終的には試合に出るメンバーに選ばれ、創部初の全国大会出場も達成することができました。

このように、結論・理由という抽象的な事柄を、具体的なエピソードで伝えることで説得力を高められるわけです。しかも先に結論を述べているので、相手には「どうしてそう思うの？」と自然な疑問がわき、耳を傾けてもらいやすくなります。

これだと冗長に感じてしまう方は、テクニックとして「結論↓理由」を述べた後に、「もう少し具体的にお話ししても良いでしょうか？」と言ってみましょう。そうすることで相手は、具体例を聞くマインドに入るため、冗長と感じることはなくなります。

ちょっとした工夫ではありますが、大切なのは**「結論↓理由↓具体例」という話し方をフレームとしてマスターし、相手の頭の中にも「結論↓理由↓具体例」という流れを意識させること**です。社会人はその話し方に慣れているので、より説得力のあるトークを展開しやすくなるでしょう。

面接官がハッとする最強キラーフレーズとは？

▼独自色の強い自分ならではの唯一無二のトークをするためのコツ

多くの面接対策本では、「こういうフレーズを使いましょう」「このような言葉を使えば採用されます」などと語られています。しかしそれらの文言をそのまま使うと、どうしても不自然な話し方になり、面接官に見抜かれてしまいます。

私自身としては、**自分に合った言葉を使う**ことをおすすめしています。信念や価値観、大切にしていることがちゃんと伝わるように、自分なりの言葉で伝えようとするのがコミュニケーションの基本なので、面接もそうしたスタンスで臨むべきです。

例を挙げてみましょう。

P186で紹介したエピソードを例に挙げるなら、私は高校時代にサッカー部に所属していました。3軍まである中の1番下のチームに所属していたのですが、「そこで誰よりも練習していました！」という事実をそのまま述べるのではなく、「今日よりも明日、明日よりも明後日成長することを目指して誰よりも練習してきました！」と表現します。そのほうが、人柄や考え方・価値観が伝わりやすくなるからです。

このように**同じ事実を伝えるにしても、どのような思いや価値観をベースとして行動したのかも含めて伝え方を工夫すると、単なる事実の羅列にならずに済みます**。とくにガクチカは、自分がしたことの羅列をしがちなので、その裏にある思い・価値観についても伝えるようにしてください。

事実を伝えることは大事なのですが、**求められているのは「そこにどのような考え方があるか？」を示すこと**です。行動の裏にある考え方を提示することで、そこに再現性があるかどうかがわかります。それが「この人は会社でも同じように成果を挙げてくれるだろう」という理解につながります。

面接はアピールの場です。その裏にある姿勢や思考、スタンスなどを含め、より自分が魅力的に見えるような伝え方をすることが大切です。**思いと行動がリンクすることで、そ**

の人の人柄が伝わります。それによって差別化になるのです。行動だけで差別化するのは非常に難しいのでご注意ください。

私が就活生によく言うのは、**「思いと行動はセットで伝えろ」**ということです。思いを言語化するのは難しいのですが、簡単に言うと「なぜそれをしようと思ったのか？」を深掘りすることです。どういう思いがあってそれをしたのか。その裏にはどんなインプットや思考のプロセスがあるのか。そこまできちんと伝えるようにしてください。

事実だけでは他の人と似たような内容になりがちですし、行動だけではその裏にある思いが伝わりません。印象に残る話をするためにも、「思い＋行動」をセットで語り、独自色の強いトークを展開できるようにしましょう。

▼あえて失敗談を語ってみる

面接官をハッとさせるキラーフレーズとしては、あえて**「本音でお話しすると……」という枕詞をつけるのもおすすめです。**単純ですが、そのひと言があるだけで、相手は「これは集中して聞かなければ！」という気持ちになってくれる可能性があります。

多くの人は面接の準備をし、上手に答えようとします。中には明らかに用意された答えしかしない人もいるのですが、面接官からすると「この人は本当にそう思っているのかな？」と不安になることがあります。回答が完璧すぎると、どうしても用意されたもののように感じてしまうのです。そのようなときに、「本音でお話しすると……」「本当のことを言うと……」などのクッション言葉を使うと、面接官の聞くモードが変わり、思いや人柄の部分まで伝わりやすくなります。信憑性が高まると言ってもいいでしょう。

他にも、成功談だけでなくあえて失敗や挫折した話を持ってくるのも効果的です。面接では成功体験を話す人が多いのですが、失敗したことも含めて話すことで、聞き手を引き込みやすくなります。**いわゆる「美談だけを語らない」テクニックです**。

例えばお金持ちになった人の話でも「飲食店で成功して、次に不動産で成功して、最後に株で大儲けしました」と言うと、聞いているほうも「ただのサクセスストーリーだな」と思ってしまいます。そうではなく、「創業当初は何をやってもうまくいかず、1億円の借金をして……」と語ったほうが現実味があり、興味深く聞いてもらえます。

失敗談は共感を得やすく、聞き手にとっても身近に感じられます。面接でも、良いことばかり話すとありきたりになってしまいますが、そこに失敗談を挟むことでよりリアリティが高まります。そして**失敗からいかに学んで成長したのかを示せば、強力なアピールにもなるでしょう（ビジネスの世界では、失敗はつきものなので、失敗との向き合い方・失敗からの立ち直りが上手な方は面接官からすると高評価です）**。

もちろん、ただ「失敗しました」と言うだけでなく、その後にどうやって成果へとつなげたのかを提示することが重要です。社会人として結果を出していく過程でも、失敗を経ながらそこに学び、最終的には成果へとつなげていく必要があります。

失敗を放置すればまた同じ失敗を繰り返す恐れがありますが、失敗をちゃんと認識して反省し、それを次に生かせば成長できるでしょう。そうした姿勢があるかどうかを伝える意味でも、成功体験の裏にある失敗談を上手に活用して差別化を図ってみてください。

最後に実例として、日系大手有名企業から複数内定を獲得した方の挫折エピソードを紹介します。

私は小学生のころからキャプテンとしてサッカーを続けてきました。「自分がやらなければ」という責任感が先にあり、「こうしたい」という思いもあったので、率先してリーダーとしてチームを率いてきました。

大学生でもキャプテンを務めていたのですが、3年生のときに怪我をして手術をし、しばらく歩けなくなってしまいました。一時は絶望していたものの、チームを外から見たときに「みんなを引っ張っていくことだけがリーダーの仕事ではない」と気づき、選手個々人の良さや、彼らがどうチームに貢献できるのかを分析し、提案することでチームを後ろから支える存在になりました。

それ以降は、リーダーとしてみんなを引っ張っていくだけでなく、背中を押して後ろからサポートするという両面で学生生活を送ってきました。

そこで学んだ〝両面のリーダーシップ〟を社会人になってからも生かし、会社に貢献できればと考えています。

もっと知りたいと思わせる話し方の極意

▼リアルな情景を思い浮かばせる

話し方の極意として、質問に対する最初の一文は非常に重要です。

「学生時代に頑張ったことはなんですか？」という質問に対し、「アルバイトです」「部活動です」「サークル活動です」などと答える人は多いのですが、それだけだとシンプルすぎて面接官の頭の中にイメージがわきません。

「焼肉店でアルバイトをしていました」という回答はどうでしょうか。少し具体的にはなっていますが、イメージの想起という点ではまだ弱いです。どんな焼肉店で、どのように働いてきたのかまでは想像できません。

大切なのは、面接官にリアルな情景を思い浮かばせること。そして**その先のストーリーへと引き込んでいくのがポイント**になります。そのためには、「外国人観光客がたくさん訪れる観光地の人気焼肉店でアルバイトをしていました」などと、具体的に表現することが必要になります。ここまで具体的にすることで、「接客も英語でしていたのかな?」「外国人対応のスキルが高まったのかな?」など、イメージがわきますよね。その結果、リアルな情景を共有しながら話を進めることができます。

加えて、面接官は1日何人もの就活生と面接をします。一通り、面接が終わった後に各候補者を振り返りますが、その際に**「この人はこの話をしていたな」と瞬時に浮かぶ方は総じて通過率が高く、そのような方はやはり最初の一文で面接官にイメージを共有させる話し方をテクニックとして活用しています**。

面接に限ったことではありませんが、**話の土台となる情景をすり合わせておくと、聞き手はその後のストーリーに入り込みやすくなります**。とくに具体的なエピソードを述べる際には、そうした〝お膳立て〟が重要なのです。

例えば「野球部の主将として頑張りました!」と言われても、そこに具体性がなければ情景が思い浮かびませんよね。そうではなく、「指定校推薦の選手がひとりもいないような弱小野球部で主将を務め、強豪大学がひしめくリーグ戦で優勝を目指しました」などと表現したほうがよりシチュエーションまで伝わります。

同じ冒頭の一文でも、はじめてあなたの話を聞く、あなたのことをまったく知らない面接官が頭の中に同じ絵を描けるかどうか、状況をイメージさせられるかが変わります。**「この一文は、相手の頭の中にイメージを想起させるものになっているか？」を常に考え、話の冒頭から聞き手を引き込んでいきましょう**。

▼面接官にツッコませるテクニック

就活生の中には、面接後に「話したいことを全然聞かれなかった……」と愚痴を言う人がいます。いくら準備していても、相手に伝えられなければ意味がありません。とはいえ、ただ、面接官に文句を言っても仕方ありません。そうならないためには、伝えたいことを聞いてもらえるような工夫をしましょう。

一例を挙げると、**「あえて抽象的に話す」という方法があります**。抽象的に話すことで「それってどういうこと？」などと興味を抱かせるのが狙いです。

就活生の話し方として、「部活動で優勝しました！」「アルバイトで売上に貢献しました！」といった話について数分間一方的に事細かに述べるケースがあります。必死に伝えようとする姿勢は良いのですが、あまりに詳細に語りすぎるとツッコミどころがなくなってしまいます。面接官としても「はあ、そうですか。わかりました」と、それ以上何かを聞こうという気がなくなってしまうことがあります。

そこであえて、「この取り組みにおいては○○という課題があったので、そこに対しては具体的に3つの行動をしました」のような感じでツッコませたい具体的な行動部分をあえて抽象的に話すことで、面接官は「その具体的な3つの行動についても教えてもらえますか？」と必ず聞いてくれます。

つまり、**聞いてもらいたい内容を伏せることで、意図的にツッコませるわけです**。

これは極端な例ですが、重要なのは、あえて抽象的にする部分を残しておくということ。上級者向けのテクニックですが、「いつも詳細に語りすぎてしまい、その後の質問につながらない」「具体的に話しすぎて話す時間が長くなりすぎる」というときには、ぜひ活用してみると良いでしょう。

とくにインプット偏重の人ほど、1回の回答で全部話そうとするものです。そのために情報量が多くなり、1日に初対面の就活生のいろんなエピソードを聞いている面接官は集中力を持って最後まで話を聞けない可能性が高くなります。とくに面接では、20〜30分という限られた時間の中で必要なことを伝えなければならず、詰め込んでしまいがちなので注意が必要です。例を挙げてみましょう。

学生時代にインバウンド客の多い焼肉店でアルバイトをしていたAさんのケース。Aさんは、「与えたい印象」から逆算して、このエピソードでは「伝えるべき訴求点」のうち、課題発見能力×課題解決能力の2つをアピールすることにしました。またこれらを伝えるために、このエピソードで一番話したいこと/面接官に深掘りしてほしいことは「複数の課題を自ら見つけ、バイトメンバーの力を借りながら1つ1つ着実に解決していったこと」に設定したとします。

このような場合、「学生時代頑張ったことはなんですか？」と聞かれた際に、最初から複数の課題があり、それを1つ1つチームで解決したことを具体的に話すと冗長になります。したがって、複数の課題の具体的な内容にはあえて触れず、「3つの課題を見つけ、周りの力を借りながらすべて解決することができました。その結果、売上を2倍にすることができました！」のように、あえて課題ならびにその解決アクションを抽象的に話します。面接官は「抽象的な表現は具体的に深掘りしたくなる生き物」なので、「3つの課題とは具体的になんですか？」と質問してくれます。

このように、話す内容だけでなく、話の展開も描きつつ誘導できるようになれば、「話したいことが聞かれなかった」ということも激減します。「聞かれなかった」のではなく、「聞かれるための話の導線を事前に準備できていなかった」と考え、工夫していきましょう。

面接官に深掘りしてもらいたい具体的な話に対して、

①どこをあえて抽象的に話すか？

②それにより面接官はどうツッコんでくるのか？

を想像し、次の表を活用しながら事前にチェックしておきましょう。

【自分が一番話したいことに面接官を導く4つのSTEP】

※Aさんのケース

STEP -1- **何を話す?**

インバウンド客の多い焼肉店でのアルバイト。

STEP -2- **そのエピソードで「伝えるべき訴求点」は何?**

課題発見力×課題解決力。

STEP -3- **それを伝えるために、このエピソードで一番話したいところ / 深掘りしてほしいところは?**

複数の課題を自ら見つけ、バイトメンバーの力を借りながら1つ1つ着実に解決していったこと。

STEP -4- **面接官にツッコませるために、どこをあえて抽象的に話す?**

複数の課題があり、それを1つ1つチームで解決したことを具体的に話すのではなく、「3つの課題を見つけ、周りの力を借りながらすべて解決することができた」のように、あえて課題ならびにその解決アクションを抽象的に話す。

※「複数の課題発見と課題解決」について面接官にツッコんでもらうために、あえて抽象的にし、「3つの課題を見つけ、周りの力を借りながらすべて解決することができた」と述べることで、面接官から「3つの課題とは具体的になんですか?」という質問を導くことができ、自分が最も話をしたい「複数の課題発見と課題解決」について具体的な説明を展開していくことができるようになります。

情報の羅列は何も生まない

▼面接官は何を求めているのか？

インプットをたくさんしている人ほど、面接で自分が知り得た情報をつらつらと並べてしまうものです。

本人としては「よく勉強してるでしょ？」「御社のことは誰よりも熟知しています！」という点をアピールしているのかもしれませんが、面接官はそうした**〝情報の羅列〟を求めているわけではありません。**

志望動機を述べるシーンに多いのですが、例えば「なぜあなたは総合商社を志望しているのですか?」と尋ねられたとき、「総合商社とはこういう仕事をするところですよね」などと、ビジネスモデルや業務内容など自分が学んだことを長々と披露してしまう人がいます。

たしかによく調べているとは思うのですが、それが志望動機にどう結びついているのかを説明しないと、面接官は「その内容とどう志望動機が関連しているのか?」「なぜ数ある就職先の中で総合商社を選んだのか?」がわかりません。加えて、その領域のプロである面接官からするとビジネスモデルや業務内容などは「既知の情報」であり、面接においてはまったく価値のない情報です。

相手が知りたいことに答えなければ、評価されないのは当然です。知識の羅列、情報の羅列は求められていないのです。

企業は、調べればわかるようなことを知っている人が欲しいわけではありません。何度も言いますが、企業は「会社に中長期で貢献し、活躍してくれる人」が欲しくて、そのために①ウチに合っている/長く働ける人、②ウチで活躍できる能力がある人、③内定を出したらウチに来てくれる人、が欲しいのです。

アピールという意味では、「私は御社のことを知っています」と言いたい気持ちもわかるのですが、あくまでも、企業が求めている人であることを示すのが面接の基本です。そのポテンシャルがあるかどうかは、情報の羅列では伝わらないのです。

収集した情報は羅列するのではなく、「この人はウチで活躍してくれそうだな！」「この人はウチとカルチャーマッチしているな！」と思ってもらうように伝えましょう。

つまり収集した〝材料〟をそのまま使うのではなく、美味しく食べてもらうために料理するのです。

いくら素晴らしい食材でも、相手に「美味しく食べてもらおう」という気持ちがなければ、それ以上のポテンシャルを引き出すことはできません。少なくとも、料理人としての意図は伝わらず、他の人が持ってきても同じものと判断されてしまいます。

これまでにも述べてきたように、その他大勢とどう違うのかをちゃんと伝えなければ、魅力的だと思ってもらえません。面接は自分という存在を売り込む場である以上、情報はきちんと相手のために料理して伝える工夫を忘れないようにしてください。

例えるなら、知識や情報は生の食材です。それを食べるときには、適切に調理し、料理として提供する必要があります。**「知ってますアピール」をするのではなく、「御社に貢献できる」「御社で活躍できる」「自分は御社に最適な人材＝カルチャーマッチしている人材である」という文脈で提供するようにしましょう。**

私は総合デベロッパーの森ビルから内定をいただきましたが、大学は教育学部で、デベロッパーという業界・仕事があることを恥ずかしながら就活生になってから知りました。そのため、森ビルについてはホームページを熟読し、書籍を読み、ＯＢ・ＯＧ訪問も10名近く実施し、森ビルについての知識量なら就活生の誰にも負けない自負がありました。ただ、面接の志望動機では森ビルについて自分が調べたこと、知識について伝えるのではなく、それらの情報・材料を使って「私は森ビルに１００％カルチャーマッチしていること」をアピールしました。具体的には次の通りです。

Q：デベロッパーの中でなぜ森ビルを選んだのですか？

A：デベロッパーの中でも御社を志望している理由は、常に前例のないことに挑戦し続け、実現するために「何年かけても諦めず必ず成し遂げるＤＮＡを持っている点」に非常に魅力を感じているからです。15年以上の時間をかけて実現できた六本木ヒルズプロジェクトがまさにその証明だと思っています。私自身、これまでの人生で常に前例のないことに挑戦し、達成することに生きがいを感じてきました。
　例えば、高校サッカー部で主将を務め創部35年で初となる全国大会出場を目指したり、所属していたサッカー部からひとりも合格したことがない国立大学を浪人して目指したりと、常に高い目標を掲げ、それを達成するために自分をアップデートし続けてきました。森ビルのＤＮＡこそ、私がこれまで大切にしてきた価値観であり、これからも最も大切にしていきたいものなので、御社を第1志望としております。

　実際に内定後の人事面談でもカルチャーマッチの部分を高く評価いただき、狙った通りとなりました。これがもし「誰よりも森ビルのことを知っている人材」としてアピールしていたら内定をもらうことはなかったでしょう。（この志望動機も「原体験」をフル活用していることが、ここまで読んだみなさんならすぐにわかりますよね？）

第5章

入社後のビジョンを明確にする面接の考え方

重要なのは、「良い答え」よりも「良い質問」

▼質問の意図を考えよう

面接だけでなくOB・OG訪問でもそうですが、**〝問いの質〟は非常に重要**です。事実、就活生の中には適当に質問をしている人が少なくありません。「その質問がどういう意図でなされているのか？」「どのような回答を引き出すことができるのか？」まで、深く考えられていないのです。

面接最後の逆質問も、なんでもいいからとにかく質問すれば良いわけではありません。私は面接官をしていて「どういう意図でそれを聞いているのだろう？」と思うことが多々あります。トンチンカンな質問をして面接官の評価を下げないように注意してください。

ビジネスの現場でも、無意味になんでも聞けば良いわけではありません。社内でも社外でもそうですが、あくまでも事業を前に進めるために関係性を構築しているわけですし、質問もそれを前提に行われるのが基本です。

質問の先には回答があります。回答は、必ずしも予測されたものばかりではありませんが、少なくとも、質問している以上、期待している答えというものはあるはずです。それがその場に合っているかどうかを確認し、準備をして質問できるのがベストです。

まずは最低限のマナーとして、「整理しないまま質問する」ことをやめるようにしましょう。良い質問をする人は、頭の中で質問の内容を組み立て、そこにどんな意図があるのかを理解してから、整理して発言するようにしています。

例えばESの添削に関する質問をするとき、「私はこう考えているのですが、どう思いますか？」などと聞けば、自分の考えを伝えつつそこにOB・OGや志望する会社の社員の意見を加味して修正することができます。そうすることで、より望ましい次の一手へとつなげられます。

一方で、「どう思いますか？」とだけ聞いてしまうと、「それを答えてどうなるの？」「そもそもあなたはどう思うの？」という疑問が残されてしまい、意図を汲んだ回答を引き出せません。それでは次につながる深い会話にならないのです。

反応と反射でコミュニケーションを取っている学生のうちはそれで良いのかもしれません。しかし、面接もOB・OG訪問も相手は社会人です。彼らは言葉の意図を考えるので、思いついた先から言葉を並べても「だからどうしたの？」と思われるのがオチでしょう。

【ワーク】

① 逆質問で聞くことは？

② ①の意図・狙いは？

③ 回答をどう生かす？

入社後の明確なビジョンを持つためのストーリー作成

▼ストーリー性の高いエピソードを組み立てる方法

面接は内定を得るためのものではなく、会社に入社してからのキャリア形成や、その後の社会人生活全体に影響を与える重要な活動です。**入社後にスタートダッシュをかけられれば、希望するキャリアも実現しやすくなるでしょう。**

面接やそれに関係する活動で得られたもの、学んだこと、その他さまざまな成長要因がビジネスパーソンとして活躍するための糧になります。

入社後の明確なビジョンを持って面接に臨めば、面接官の評価が良くなるだけでなく、自らの将来も明確にイメージできます。

私の場合、会社員になるからにはいつか経営者になりたいというビジョンを持っていることはすでにお伝えしました。当時、私が知っていた著名な経営者の多くがマーケティングの専門性・バックグラウンドがあったこともあり、就活でもマーケティングの経験を積めることを最重視していました。

OB・OG訪問を重ねる中で、どうすればマーケターとして活躍できるのかをヒアリングしてみると、メーカーのマーケティング職は花形の人気職なので、基本的にはまず営業で成果を出さなければならないとわかりました。そこで最初は営業で結果を出し、次にマーケティング部署に行き、最終的に経営者になる道をイメージしました。

このように将来のキャリアを強く意識することによって、面接においてもストーリー性の高いエピソードを組み立てることができるようになり、一貫性と再現性を伝えることができています。その土台は、「入社後、何をしたいのか？」にあるのです。

ポイントは、「To Be（どんな人になりたいか）」と「To Do（どんなことをした

いか）」で考えること。どちらのアプローチでも構いません。それぞれの観点から、あなたなりの「入社後、何をしたいのか？」「希望するキャリア」を考えてみてください。

それを実現するためにどんな選択肢があるでしょうか。「営業力が必要」「海外赴任の経験が必要」などのように棚卸しができたとしたら、「どのような順番で進めるのか？」「どのような会社ならそれを実現できるのか？」などを整理することができます。

そこで整理した内容にストーリー性を持たせ、面接でも活用してみてください。

【ワーク】

「あなたが希望するキャリアは」

①To Be（どんな人になりたいか）

例：会社を勝たせることができる経営者／社長。

②ＴｏＤｏ（どんなことをしたいか／成し遂げたいか？）

例：業績をV字回復したり、シェアを拡大すること（社員全員を笑顔にする）。

③どのようなキャリアで進むのか？

例：日系メーカー営業↓日系メーカーマーケティング↓外資メーカーマーケティング↓会社経営を身につけられる会社↓日系または外資系の経営者。

④どのような会社ならそれを実現できるのか？

例：①20代でもマーケティングに携われるチャンスがある会社。

②自分の強みを生かして、営業で成果を出せる会社。
③ゆくゆくは外資系メーカーへの転職、外資メーカーのマーケティングへの転職も視野に入る会社。

⑤自分が志望している会社と④はどこがマッチしているのか？
例：営業で成果を出せば、年功序列に関係なくマーケティングに携われるチャンスがある点。

面接での回答は「思考→行動」の流れを徹底すること

▼代表的な7つの質問

面接の質問に対する考え方・答え方を学ぶには、想定面接質問集のようなもので「質問・回答」をひたすら暗記するのではなく、**質問の意図や回答の意味について考える必要があります**。それを自分の考えにまで昇華させることで、面接を有利に進めることができ、かつキャリア形成にもつながります。ここでは、面接でよく聞かれる7つの質問を例にして、質問に対してどのように考え、どのように答えを出していくべきなのかを紹介します。答えはあくまでも一例です。そこから、

「なるほど！　こういう感じで考えれば良いのか！」

「相手の質問の意図はきっとこうだな！」

「この質問にはこの要素を伝えなきゃダメだな！」

といった、自分なりの気づきを得ていただければと思います。答えそのものよりも「思考と行動の流れ」、つまり、どのような思考が行動に結びついているのかを軸に、答え方やロジックを参考にしてください。

【代表的な7つの質問】
1・今の大学・学部を選んだ理由は？
2・弊社に入社した後のキャリアプランを教えてください
3・他社の選考状況は？
4・同業他社ではなく、なぜ当社を志望しているのか？
5・希望しない部署・勤務先に配属されたらどうする？
6・あなたの短所（弱み）は？
7・最後に何か言いたいことはありますか？

それぞれの質問に対して、

1・質問の意図／狙い
2・答えるべきポイント
3・回答例

の3つの構成で進めていきます。回答例は私が内定をもらったデベロッパー会社とビール会社で実際に伝えていたことを記載します。

1・今の大学・学部を選んだ理由は？

【質問の意図／狙い】
・キャリアの一貫性の確認。
・「大学」というキャリアを選ぶ際に、どのような価値観を大事にして、何を軸に意思決定をしたのか?
・そこでの価値観や軸が、「就活」にどう結びついているかを確認。

【答えるべきポイント】
・当時の自分が大学卒業後のキャリアをどのように考えていたか?
・そのうえで、なぜその大学、学部を選んだか?
・そのときの価値観と「今(就職活動・志望業界・志望職種など)」のつながりを明確にする。

【回答例】

「人の人生に寄り添い、多くの人を笑顔にできる仕事をしたい」という思いから、生まれた地である横浜で教員になるべく、横浜国立大学の教育学部を選択いたしました。就職活動を通じて、人の人生に寄り添い、多くの人を笑顔にできる仕事は教員だけではないことを実感したため、教員以外の選択肢も幅広く見させていただいております。

教員として実現したかったことが「民間でもできる！」と確認できたため、就活しているること。また、キャリアを考えるうえで大切にしている価値観が大学選択と企業選択で変わってないことを念押しししています。

もちろん大学入学の際と現在で価値観が変わっている方も多いと思いますので、その場合はどのようなキッカケで変化したかを語りましょう。

2・弊社に入社した後のキャリアプランを教えてください

【質問の意図／狙い】
・ウチで長く働けるか？　内定が出たら本当にウチに来てくれるか？
・ウチを第1志望として考えているか？
・ウチで働く／活躍するイメージを持っているか？
・業務理解は十分にできているか？
・入社後のミスマッチがないか？　の確認。

【答えるべきポイント】

・中長期的なプランと短期的な具体性のあるプランの両方。
・どんな強みやスキルを使って活躍していく算段なのかの説明。

【回答例】

中長期的にはマーケティングに携わり、ゼロから100年以上愛されるブランドの創出を実現したいです。

そのためにまず短期的に、①営業として若手・同期内で圧倒的な結果を残せる人材になること。②自社・競合の強み、弱みを現場の最前線で把握することに努めて参ります。そして、持ち前の向上心と目標達成力を生かして、いち早く成長しながら結果にコミットする人材として御社に貢献したいと考えております。

その企業で具体的に働くイメージや活躍するイメージを、強みやスキルと結びつけて話すことが重要です。

3・他社の選考状況は？

【質問の意図／狙い】

・内定が出たら本当にウチに来てくれるか？（サブ：ウチで活躍できるか）

・自社の志望度の確認。

・他の企業も欲しがる人材か？　の確認。

【答えるべきポイント】

・就活の軸（他の業界をなぜ受けているか納得できるロジック）。

・他社含む具体的な選考フェーズ。

・選考企業の中での御社の優先順位。

【回答例】

「ゼロから1をつくりだして人を笑顔にできる空間をつくりたい」という軸から、ビールメーカー以外では「不動産デベロッパー」の選考を受けております。ビールメーカーでは御社以外に、K社さまの選考を受けていて、次が最終面接です。不動産デベロッパーは、A社さまが最終面接、B社さまが内定となっております。他業界の選考も受けておりますが、第1志望は「20代でもマーケティングに携われるチャンスがあり、最も人に魅力を感じている」御社です。

4・同業他社ではなく、なぜ当社を志望しているのか？

【質問の意図／狙い】

・ウチで長く働けるか？　内定が出たら本当にウチに来てくれるか？
・本当に自社が第1志望なのかの確認。
・内定を出した場合、本当に他社ではなくウチに来てくれるかの確認。

【答えるべきポイント】

・その企業の何が魅力なのか（理想は他社にはない、他社より上回っている魅力）。
・なぜその魅力を重要視しているのか（原体験や価値観との結びつき）。

【回答例】

数あるデベロッパーの中でも御社を志望している理由は2つあります。1つは「社風」、もう1つは「人」です。

前者については「前例のないことにチャレンジし続ける点」に魅力を感じています。ここに魅力を感じている理由は、私自身、高校・大学のサッカー部で、今までにない創部初の結果を残すことにやりがいを感じてきたからです。

後者については、OB・OG訪問を通じて「自分の仕事を学生相手にも本気で語ってくれる姿勢」に魅力を感じました。15年間続けているサッカーを通じて、「何をするか以上に誰とするか？」ということを大切にしてきました。

熱い想いを持つ御社の社員のような方々とぜひ一緒に働かせていただきたいため、他社ではなく御社を志望しております。

5・希望しない部署・勤務先に配属されたらどうする？

【質問の意図／狙い】

・ウチで長く働けるか？　内定が出たら本当にウチに来てくれるか？

・志望度の高さの確認。

・希望部署以外の配属でも辞めないか？　ちゃんと会社で働いてくれるか？　の確認。

【答えるべきポイント】

・希望部署、配属先以外でも活躍できる根拠。

・希望部署に行くための算段についてどう考えているのかを明確にする。

【回答例】

希望部署に行けるように、努力し続け、結果を残すことを実践します。サッカーの経験で希望を叶えるためには、人一倍努力し、結果を残すことが必要だと学びました。なので、希望通りにならなくても大丈夫です。結果を出すことで、希望部署／配属先を自らつかみ取れるように努力いたします。

6・あなたの短所（弱み）は？

【質問の意図／狙い】
・ウチで活躍できるか？
・良い面だけでなく自分の悪い点も客観視できているか？　の確認。
・短所に対する向き合い方や改善策を意識しているか？　の確認。

【答えるべきポイント】
・弱みが出てしまった具体的な場面。
・弱みとどう向き合っているか。
・弱みを改善するためのアクション。
※結論を「強み」にすり替えないように注意。
※聞かれているのは「弱み」。「この弱みは一方で強みです！」とアピールに持っていか

ないこと。

【回答例】

1つのことに没頭しすぎて他のことが疎かになってしまうことです。高校ではサッカーに没頭しすぎて勉強が疎かに。浪人生のときは勉強に没頭しすぎて体型管理が疎かになりました。大学では、これを改善するために部活と勉強の2軸を両立することを強く意識しています。具体的には、部活動の移動や隙間時間に勉強を行うことを徹底しています。社会人では大学での改善を生かし、複数のプロジェクトを疎かにすることなく、着実に進めていきたいと考えております。

7．最後に何か言いたいことはありますか？（逆質問ではないパターン）

【質問の意図／狙い】

・一方的な面接では把握しきれなかった人柄や志望度の最終確認。

【答えるべきポイント】
・本気で第1志望としていることを伝える「志望度」の強化。
・アピールしきれなかった「伝えるべき訴求点」について

【回答例】

本日はお忙しい中、お時間をいただき誠にありがとうございました。最後に1分だけ失礼いたします。

就職活動を通じていろんな業界や企業さまと出会いました。現在、複数の企業さまの選考を受けておりますが、第1志望は本当に御社です。

ここまでの選考を通じて、1番素の自分を出せたうえで、評価いただけている点を本当にうれしく思っております。これまでのすべての経験を生かして、御社に1日でも早く貢献できる人材になりますので、何卒よろしくお願いいたします。本日は誠にありがとうございました。


以上が7つの質問とその回答例です。ポイントをまとめましょう。

1．相手の質問の意図を考えること
2．何に答えるべきか？（答えるべきポイント）を考える
3．ポイントを押さえて回答する

まずは、自分なりに「7つの質問」に対し、これらの3つを踏まえて自分なりの答えを作成してみてください。事前段階でこの部分をしっかり準備しておくことで、成果は大きく変化していきます。

また、**面接が終わった後には質問内容をメモし、意図や答えるべきポイントを軸に自分の回答を振り返りましょう**。次の面接に生かせるラーニングを得ることができます。1回1回の面接を通じて成長し、最高の結果をつかんでください。

棚卸しではなく、未来に向けての再現性を訴求しよう

▼あなた自身の「再現性」を書き出してみよう

面接を単なる「棚卸し」にしてしまうと、ひとりよがりの活動となり、良い結果を得ることができません。これまでにも再三述べてきたように、面接では「企業に貢献してくれる人」「入社後に活躍してくれる人」であることをきちんとアピールし、戦略的に伝えていく必要があります。とくに重要なのが「再現性」です。再現性を伝えるには、成功体験が一過性のものではなく、複数の活動で応用されていること。つまり血肉化されていることを示す必要があります。そして入社後にもそれがスキルとして発揮されることを、説得力のあるように伝えることが大切です。企業が求めている再現性がどのようなものか。そ

してその点を踏まえて、あなたが伝えたい再現性とはどのようなものなのか。これまでのまとめとして、実際に書き出してみましょう。

【ワーク】

① 入社したい企業はどこですか？

② なぜ入社したいのですか？

③ その会社で生かせる強みはなんですか？

④　自分の強みをどう生かせば、志望の会社に貢献できますか？

⑤　ここまでの答えを踏まえて、あなたの伝えたい再現性はなんですか？

⑥　⑤のためにあなたがこれまでしてきたことはなんですか？

⑦　採用面接担当・面接官があなたに再現性があると信じる根拠はなんですか？

キャリアアップとしての考え方

▼キャリアと面接を結びつけて考える

人生全体を俯瞰してみると、**面接は今後のキャリア形成の礎となる重要な活動**です。新卒でも転職でもそれは変わりません。面接にどれだけ力を入れて取り組んだのかによって、その後の人生が大きく左右される。それだけの可能性を秘めているのが面接です。

キャリアアップに関しても「昇進」や「昇格」などの言葉に限定してしまうと、「1つの会社でどれだけ出世できるか」という狭い範囲で理解されてしまうでしょう。しかし昨今では、転職を含めたキャリアアップも一般化しており、複数の会社を渡り歩いてキャリアを積み重ねている人もいます。

最終的に**「自分がどうなりたいか？」というゴール**があり、**そのために何をすべきか**が見えてくることが大切です。１つ１つの目標をクリアしていく中で、就職をしたり転職をしたりすることになりますが、キャリア形成の仕方はどのようにでもアレンジできます。それらすべてが、ゴールへと向かっていることが何よりも重要なのです。

一方で、面接をクリアして内定を取ることをゴールにしてしまうと、その先に道がなくなってしまいます。本書で述べている「面接における思考」は、面接を突破することがゴールなのではなく、「自分が将来どうなりたいか？」「何をやりたいのか？」というビジョンがあってこそのものです。

「自分はＡ社のビールが好きなので、日本だけでなく海外市場でもＡ社のビールをナンバーワンにできるような営業パーソンになりたい」というのが目標だとしたら、Ａ社に採用されることはゴールではありませんよね。重要なのは、入社後に自分がどう活躍できるかということです。そのためにも、

・営業職で結果を出せること
・海外市場で活躍できること

などが可能であることをアピールするべく、面接でどのような内容を伝えればいいのかを踏まえて棚卸しをします。

例えば「飲食店で働いていました」ではビールに関係があるかどうかはわかりませんが、「インバウンド客の多い焼肉店で働きながら、外国人向けの接客と英語を学びつつ、日本人だけでなく、外国人のビールに求めるニーズを知ることができました」のように紐づけられると、活動内容が面接でのアピールに直結します。

つまり、**そこに目的意識があることで一筋のストーリーができるのです。活動内容を「点」で伝えるのではなく、今後のキャリア形成も含めた「線」として伝えようとすれば、語るべき内容も自ずと見えてくるでしょう。**

おわりに

ここまで読み終えたあなたは、「正しい就活のやり方」を新しくインストールできたと思います。

「わかる」と「できる」には想像以上に大きな差があります。この差を埋めるには、愚直なアウトプットしかありません。おすすめは、今回新しい気づきがあったものの中から、まず今すぐ変えるべきことを3つ選びます。その3つを確実に修正し、それができたら次の学びを生かすというやり方です。

結局、小さな改善の積み重ねこそが最後は大きな成果につながります。就活は時間が限られているので、「全部直す」ではなく、やるべきことを選択し、集中的に改善していきましょう。

本書では繰り返し「内定はゴールではない」とお伝えしました。本書を読んだみなさんにはぜひ「その先」、どんな自分になりたいか、将来どんなことをしていたいか、世の中にどう貢献していきたいかを強く意識して就活に臨んでほしいです。もっと言うと企業に使われる側ではなく、目的を達成するために「企業を使い倒す」という意識を持ってほしいです。

あなたが実現したいことに近づく手段が就活です。究極をいうと、実現したいことが現時点でもしできていると思うなら就職せずに学生のままでも良いわけです。今志望している企業がある方は、そこが自分の実現したいことに本当に近づけるのか、再度立ち止まって考えてみましょう。自信を持って「Ｙｅｓ」と言えるなら、それを志望動機で伝えればＯＫです。大事なのは、自分の実現したいことがその会社でできると確信していること（自分のＷｉｎ）と、その会社で自分が活躍・貢献できること（相手のＷｉｎ）でお互いがＷｉｎ-Ｗｉｎだと証明することです。

また、志望する企業が見つからない人は、「その先」が見えていないことが原因だと思います。今の選択が一生に関わる・一生変えられないと思い込んでしまうと、「その先」を今の段階で決めてしまうことが怖くなってしまうと思います。断言しますが、キャリアは何歳からでも変更可能です。いろんな経験をしていく中でやりたいことが変わるのは自然なことです。したがって、

これまでの人生の中で「嬉しかった瞬間」や「感動した瞬間」、逆に「これだけは絶対に嫌と思う瞬間」を言語化して、今の段階で自分はどんなことがやりたいのか、どう世の中に貢献したいのか、仕事にするうえで絶対にやりたくないと思っていることは何かを整理し、「仮決め」しましょう。ここが決まれば、どういう手段（企業への内定）が自分にとってベストなのか判断できるようになります。

最後に、就活は「孤独な戦い」で、本書でも表現した「究極のアウェイゲーム」です。故に周りの就活生の就活動向や自分と他の学生を比較して、優劣が気になってしまうのは仕方がないことです。ただ、就活で大事なのは、あなたが他の学生より優秀なことではなく、あなたならではのやり方・強みでどう会社に貢献し、いかに「その先」を実現できる

かです。
就活を単なる内定を勝ち取るゲームと考えず、これまでの人生を立ち止まってゆっくり振り返り、これからの進むべき人生の方向性を決める場として、最大限活用してみてください。

この本を手に取ってくださったみなさまが、正しい就活のやり方を通じて自己実現できることを心から願っております。
本当に最後に、出版に向けて全力でサポートしてくださったＫＡＤＯＫＡＷＡの根岸亜紀子さん、あなたがいなければこの本が世に出ることはなかったです。心から感謝しております。

２０２５年１月

アルフ

アルフ

GAFAMの現役面接官。元外資系メーカーのブランドマネージャー。Xを中心にキャリアアップ、転職に関する情報を発信し、人気を博している。

X　@Shukatsu_0707

GAFAM《ガーファム》現役面接官《げんえきめんせつかん》が伝授《でんじゅ》する そのとき、君《きみ》はどう答《こた》えればいいのか？

2025年1月22日　初版発行

著　　　アルフ
発行者　山下直久
発　行　株式会社 KADOKAWA
　　　　〒102-8177　東京都千代田区富士見2-13-3
　　　　電　話　0570-002-301（ナビダイヤル）
印刷所　大日本印刷株式会社
製本所　大日本印刷株式会社

●お問い合わせ
https: //www.kadokawa.co. jp/
（「お問い合わせ」へお進みください）
※内容によっては、お答えできない場合があります。
※サポートは日本国内のみとさせていただきます。
※ Japanese text only
定価はカバーに表示してあります。

ISBN 978-4-04-607352-5　C0030